Michael Kramer

Das praktische Rollenspielbuch

Theater als Abenteuer

Rollenspiele, Spielaktionen, Planspiele

Burckhardthaus-Verlag · Gelnhausen

© 1981 by Burckhardthaus-Laetare Verlag GmbH, Gelnhausen/Berlin/Stein
1. Auflage Jugenddienst Verlag, Wuppertal 1979

Umschlaggrafik: Isi Ader, München
Druck und Verarbeitung: F. L. Wagener, Lemgo

CIP-Kurztitelaufnahme der Deutschen Bibliothek

Kramer, Michael:
Das praktische Rollenspielbuch : Theater als Abenteuer ;
Rollenspiele, Spielaktionen, Planspiele/
Michael Kramer. – 2. Aufl. – Gelnhausen; Berlin; Stein:
Burckhardthaus-Laetare Verlag, 1981.
   1. Aufl. im Jugenddienst-Verl., Wuppertal

   ISBN 3-7664-2024-0

Inhalt:

1. Theaterspiel in der Jugendarbeit 9
Darstellende Gesellschaftsspiele und Pantomime 14
Theaterspiel als Artikulationshilfe 15

I. Ratespiele 16
  A. Ratespiele für Gruppen 16
    1. Sprichwörter raten 16
    2. Zusammengesetzte Hauptwörter raten 16
    3. Situation raten 16
    4. Spielregel erraten 16
    5. Schilderspiel 17
  B. Ratespiele, bei denen einer oder wenige vorspielen . 17
    1. Berufe raten 18
    2. Tätigkeiten raten 18
    3. Buchtitel erraten 18
    4. Filmtitel raten 18
    5. Doppelte Begriffe raten 18
    6. Der Dirigent errät die Regel 18

II. Improvisationsspiele 19
  A. Mit Wettbewerbscharakter 19
    1. Kettenpantomime 19
    2. Berufe raten 19
    3. Situationen raten 19
    4. Pantomimische Übungen für das Spiel mit
      imaginären Gegenständen 20
    5. Mit imaginären Gegenständen imaginäre
      Geräusche erzeugen 21
    6. Eigenschaften raten 21
    7. Verschiedene Darstellungsformen erraten . . . 21
  B. Ohne Wettbewerbscharakter 22
    1. Imaginäre Gegenstände verformen und
      weitergeben 22
    2. Spiel mit imaginären Geräuschen 22
    3. Geräusche vom Tonband als akustische
      Spielkulisse 22
    4. Ein Teil der Pantomime ist nur vorgegeben . . 23
    5. Die Spieler bekommen Requisiten 23
    6. Zeitungsthema 23

III. Kleine pantomimische Spiele 24
    A. Für Kinder von 6–10 Jahren 24
    B. Themen für Jugendliche und Erwachsene 26
IV. Pantomimenübung für die gestaltete Bewegung des
    ganzen Körpers 27
V. Maskenspiel 28
VI. Masken selber bauen 29
VII. Grommolospiele 30

2. Rollenspiel 33
   I. Fortsetzungsspiele 34
  II. Pantomime – Bewegung – Haltung – Mimik als
    Gestaltungsmittel des Rollenspiels 36
 III. Beispiel: Rollenspiel – nonverbale Kommunikation . . 37
 IV. Emanzipatorische Aspekte des Rollenspiels 38

3. Kindertheater und Rollenspiel 40
   I. Rollenspiel, Lernspiel, Kommunikationsspiel 41
  II. Rolle und Funktion der Erwachsenen 41
 III. Pädagogische und politische Ziele eines
    »Sozialbezogenen Kindertheaters« 42
 IV. Bericht über eine Kindertheateraufführung 43
  V. Kindertheater in Jugendfreizeitheimen 45
    A. Bericht Naunynstraße 46
    B. Bericht Niebuhrstraße 49
 VI. Voraussetzung für eine pädagogisch vertretbare
    Kinderarbeit in Jugendfreizeitheimen 51
 VII. Protokoll 51

4. Spezifische Wirkungen der Medien 54
   I. Theater 54
  II. Video 55
 III. Film 56
 IV. Die Ton-Dia-Schau 57
  V. Drucktechnik 57
 VI. Plakat 57
 VII. Musik 58

5. Theater für Zuschauer 59
   I. Ästethik 60
  II. Dramaturgischer Aufbau 60
 III. Dramaturgische Mittel zur Gestaltung der Szenen . . 62
 IV. Vom Rollenspiel zum Agitpropstück 63

V. Beispiele für ein Jugendtheater 66
A. Theater, wie es das Leben schrieb 66
B. Friedenstheatergruppe 68

6. Gesellschaftsplanspiele und Spielaktionen 71

7. Ein Gesellschaftsplanspiel über drei Wochen im
Schullandheim 74

8. Das Bauernkrieg-Spiel, ein Zeltlager als historisches
Rollenspiel 82
I. Zur Funktion des Rollenspiels im Zeltlager 84
II. Erfahrungsbericht: Die Vorbereitungsphase 89
III. Der Ablauf des Bauernkrieg-Spiels 107
IV. Lieder aus dem Bauernkrieg-Spiel 118
V. Lernen im Spiel 120

9. Das »Sanierungsspiel« – ein Gesellschaftsspiel für
7–21 Personen 122

10. Beschreibung eines antifaschistischen Zeltlagers 1928
Ein Interview mit Jan Koplowitz 137

11. Jugendtheater und seine Entwicklungsmöglichkeiten . . 157

12. Kleines Spiellexikon. Was sagt der Duden
zum Theater 159

13. Literatur und Materialien zum Theaterspiel 164

Der Autor 166

1. Theaterspiel in der Jugendarbeit

Wesentliche Voraussetzung für jede Art des Spiels ist der Vergleich des Gespielten mit der Wirklichkeit. Die Darsteller und die Zuschauer müssen bei der Betrachtung das Gesehene mit den eigenen Erfahrungen in Verbindung bringen, und der Vergleich ist Grundlage für eine ausführliche Diskussion.
Selbst der unterhaltsame Sketch oder die improvisierte Scharade bezieht ihre Wirkung aus der Gegenüberstellung oder Abweichung der Erlebnisse der Menschen aus ihrer Umwelt. Hier liegt die große Chance, in allen Bereichen des Spiels genauer nachzufragen und gemeinsam zu kontrollieren, ob die Darstellungen realistisch sind, ob eine gute Beobachtungsgabe zugrunde liegt oder ob die spielerische Darstellung Vorurteile und Fehleinschätzungen aufweist.
In erster Linie soll Spiel jedoch Spaß machen, sollen die Mitwirkenden in leichter spielerischer Weise ihrer Fantasie freien Lauf lassen, improvisierend und gestaltend szenische Darstellungen entwickeln, die auch den Betrachter in eine schöpferische Stimmung versetzen.
Um diesen Spaß am Spielen zu entwickeln, benötigt der Spielpädagoge verschiedene methodische Hilfen, denn man kann nicht voraussetzen, daß bei Kindern oder Erwachsenen das natürliche Bedürfnis entwickelt ist, sich darzustellen oder seine Erfahrungen spielerisch preiszugeben. Durch eine konsequente Erziehung zur Anpassung an gesellschaftliche Normen ist den meisten Menschen die Fähigkeit abhanden gekommen, sich spontan auszudrücken oder gewohntes, alltägliches Verhalten zu hinterfragen und damit bewußt wahrzunehmen. Erst durch neue Anstöße und Fragen werden viele Menschen in die Lage versetzt, zu überlegen, wie alltägliches Verhalten einzuschätzen ist, wodurch menschliches Handeln beeinflußt wird, welche Faktoren spezifisches Rollenverhalten beeinflussen.
Aus den Kulturen primitiver Völker oder auch der vorindustrieller Epochen wissen wir, daß es den Menschen durchaus möglich war, ja ein elementares Bedürfnis war, ihre Erfahrungen mit der Umwelt in Spielen, Ritualen und Tänzen zu gestalten und auszuschmücken. Es entwickelten sich daraus die verschiedensten künstlerischen Formen. Die Bilder, Zeichnungen und Skulpturen erzählen uns heute noch über die täglichen Gewohnheiten, über die Jagd, über das Familienleben, über die Freizeitgestaltung und die Schönheitsideale der verschiedenen Völker.
Viele positive Ansätze der Laientheaterbewegung gab es in den

zwanziger Jahren. Die Arbeiterkultur wurde von progressiven gesellschaftlichen Kräften gefördert.

Es gab Theatervereine in den Arbeiterfamilien, Großeltern, Eltern und Kinder spielten zusammen, es gab eine aktive Arbeitersportbewegung, in der nicht der Leistungssport im Vordergrund stand, sondern das gemeinsame Leben. Die Arbeiterchöre und Gesangsvereine sangen Lieder, in denen ihr Leben, auch das Leben der Arbeitswelt, beschrieben wurde und die vom Kampf um eine bessere Welt erzählten.

Aus dem 1906 gegründeten Bund der Theater- und Vergnügungsvereine Charlottenburgs, dem sich bald weitere Vereine auch aus anderen Städten anschlossen, bildete sich der Deutsche Arbeiter-Theater-Bund, DAThB. 1928 schreibt der DAThB, gibt es 30 000 Theatervereine mit 300 000 Mitgliedern.

Zur gleichen Zeit entstehen zahllose Agitpropgruppen z. B. »Rote Raketen« oder »Das Rote Sprachrohr«.

Die Roten Raketen teilten in ihrem letzten Bericht mit: »Wir haben 1928 / 29 insgesamt 50 Veranstaltungen mit unserer Truppe besucht und haben damit vor über 20 000 Arbeitern gespielt. Rechnet man mit einer ähnlichen Durchschnittszahl für 180 Gruppen der KPD und der Jugend, so steigt die Ziffer der Besucher solcher Veranstaltungen auf 3 600 000.«

Damit hatten die Agitproptruppen bereits 1929 eine höhere Besucherzahl erreicht als die Volksbühnenorganisationen. Alle diese Ansätze wurden im Hitlerdeutschland vernichtet oder auf einer oberflächlichen Ebene als unreflektierte nationalistische deutsche »Volkskunst« als demokratisches Alibi benutzt, während die demokratischen Arbeiterkünstler in den KZs saßen oder ins Ausland emigrieren mußten.

Was geschah nun nach Kriegsende, 1945? Wie wurde der neue Anfang für eine demokratische Kultur und damit auch für eine neue Laientheaterbewegung genutzt?

In Westdeutschland entwickelte sie sich nur langsam. Einige Bildungszentren führten Fortbildungsveranstaltungen für Spielleiter durch, jedoch basierten diese Ansätze auf der von den alltäglichen Problemen abgehobenen Freizeitbeschäftigung. Die Kluft zwischen Berufs- und Laienkünstlern wurde immer größer, es fehlte an Geld und an ausgebildeten Spielpädagogen.

Alle Ansätze, eine neue Laientheaterbewegung ins Leben zu rufen, konnten nicht in das gesellschaftliche Leben integriert werden, es war nicht möglich, die begonnenen Aktivitäten kontinuierlich fortzuführen, wodurch auch die Freude am Spiel und an der Darstellung unseres Lebens immer stärker verschüttet wurde.

Die Zahl der Laienspielgruppen ist zurückgegangen. In Jugendgruppen und Freizeiteinrichtungen, Kindergärten und Bildungsstätten haben es die Pädagogen schwer, die Jugendlichen und Erwachsenen zum Spiel zu motivieren.

Sicher sind die modernen Massenmedien zum Teil daran schuld; sie unterstützen die Konsumhaltung der Menschen und sorgen für die Ersatzbefriedigung dieser Bedürfnisse.

Eine andere Ursache ist wohl auch, daß es schwieriger geworden ist, die vielschichtige und verflochtene Struktur unserer gesellschaftlichen Umwelt darzustellen. Durch enorme Anforderungen an Leistungen und fachliche Qualifikation bleibt wenig Platz für individuelle Entfaltung der Persönlichkeit und Entwicklung schöpferischer Fähigkeiten.

Aber eine weitere Ursache liegt in der Entwicklung der Laienspielbewegung selbst. Hier wurde – wie in anderen kulturellen Bereichen – die Trennung zwischen seichter Unterhaltung und ernsthafter Auseinandersetzung mit unserer gesellschaftlichen Umwelt gemacht.

Auf der einen Seite Gesellschaftsspiele, Scharaden, Sketche, langweilige Laienspieltexte, Themen, die weder lustige Gags noch interessante Pointen besaßen noch inhaltlich interessant waren – auf der anderen Seite pädagogisch verbrämtes Schulspiel (mit erhobenem Zeigefinger), christliche Anspiele oder die Versuche, »anspruchsvolles« Berufstheater zu kopieren.

In jüngster Zeit nun Versuche, über Rollenspiele zu inhaltlichen Auseinandersetzungen zu kommen. Aber dieses nur als pädagogisches Hilfsmittel ohne die Freude am Spiel zu berücksichtigen und zu fördern, wobei das Spiel ebenfalls wieder zum Hilfsmittel degradiert wird und in anschließenden, endlosen Diskussionen nach dem Spiel der Spaß und die Erfolgserlebnisse zerstört werden, die eventuell im Spiel entstanden sind.

Es soll damit nicht gesagt werden, daß nicht eine Diskussion über das Dargestellte stattfinden soll, aber sie muß in der Relation zum Spiel gesehen werden, und man sollte nicht das legitime Bedürfnis und die Bereitschaft zum Spiel für andere pädagogische Absichten ausnutzen ohne die bewußte Entscheidung der Beteiligten, denn sonst kann hier ebenfalls die Spielbereitschaft und die Motivation für eine künstlerische Betätigung wieder verbaut werden.

Beispiele hierfür gibt es aus Bildungsstätten und Jugendeinrichtungen, wo ein großer Widerstand der Jugendlichen auf eine Ankündigung »Wir machen Rollenspiel« zu verspüren war.

Aussprüche wie »das kennen wir schon«, »da kommt sowieso nichts raus«, »das macht doch keinen Spaß« sind eine Bestätigung für falsch verstandene Rollenspielversuche.

Der Pädagoge muß berücksichtigen, daß das Medium Theater genau wie andere Medien seine fachlich-wissenschaftlichen Gesetzmäßigkeiten hat, die bei seiner Anwendung berücksichtigt werden müssen. Setze ich ein anderes Medium ein – etwa Film –, dann muß ich über die Technik dieses Mediums einiges wissen – über die methodisch-didaktische Verwendbarkeit – und muß den Stellenwert in dem allgemeinen Verlauf der pädagogischen Arbeit kennen. Erst dann kann ich den Erfolg oder die Wirkung des Mediums einschätzen. Genau die Überlegungen muß ein Pädagoge anstellen, wenn er das Spiel als pädagogisches Mittel einsetzt.

1. Wie kann die unbefangene Beziehung zum Spiel hergestellt werden?
2. Wie können die Fähigkeiten einzelner in das Spiel eingebracht werden?
3. Wie kann das Spiel durch Theaterwirkungen interessanter gemacht werden, der Inhalt verdeutlicht werden?
4. Wie kann mit einfachsten Mitteln im Bereich des Spiels ein Erfolgserlebnis für die Gruppe oder für den einzelnen Spieler ermöglicht werden?
5. Wie können die Darstellungsmittel so ausgewählt werden, daß sie den Inhalt einem fremden Publikum vermitteln können?

Ein weiterer Grund für die Stagnation, ja, gar Rückentwicklung der kulturellen Aktivitäten überhaupt ist die Einstellung zur Kunst überhaupt. Kunst wurde dann akzeptiert, wenn die künstlerische Überhöhung im Vordergrund stand, egal ob sie den Betrachtern etwas zu sagen hatte oder nicht. Je abgehobener und elitärer das künstlerische Produkt konzipiert war, je intensiver wurde es von den Kunstexperten diskutiert. Man kann sogar sagen, daß die Institutionen, die die Verantwortung für die künstlerisch-kulturelle Entwicklung in der Bundesrepublik trugen, bewußt eine Kunst für ein Expertenpublikum gefördert haben.

Während in der DDR in den ersten Jahren ihrer Gründung der sozialistische Realismus entwickelt wurde, grenzte man sich in der Bundesrepublik von jeder realistischen Ausdrucksform ab, ja fand es banal, sich in der Kunst auch noch mit täglichen Problemen zu befassen. Man benutzte künstlerische Formen, um sich von den alltäglichen Problemen weg zu bewegen, in eine Welt des Individualismus ohne gesellschaftliche Bindungen zu entrücken. Man abstrahierte nicht die Wirklichkeit, sondern man abstrahierte weg von der Wirklichkeit. Die konsequenteste Form dieser Richtung ist in der Bildenden Kunst die Gegenstandslose Malerei und das Absurde Theater. Es wurden von Künstlern und kunstinteressierten Laien in ihren Arbeiten Exkurse in die verschiedensten Formenexperimente unternommen, dies hat auch sicherlich seine Funktion und soll nicht unterschätzt werden, jedoch als eine Flucht vor der gesellschaftlichen Auseinandersetzung entwickelt sich die Kunst von den Bedürfnissen der Menschen weg und führt letztlich zu einer Kluft zwischen wenigen künstlerisch-kreativen Menschen und der passiven kunstkonsumierenden Mehrheit.

Auf diesem Hintergrund muß die Entwicklung der Laienspielbewegung nach 1945 gesehen werden.

Deshalb soll gerade für die erste Spielphase für beide Gruppen Jugendlicher ein besonderer Schwerpunkt bei der Suche nach spezifischen Theatermitteln herausgestellt werden. Arbeiterjugendliche sollten sofort mit der improvisierten Darstellung alltäglicher Probleme beginnen. Eventuell Masken oder andere Requisiten zur Hilfe nehmen. Aber ihre Fähigkeiten, sich spontan zu äußern und ihre Umgebung genau wiederzugeben, ohne große Verständnisdiskussionen, verschaffen ihnen gerade in der ersten Spielphase die Erfolgserlebnisse. Jugendliche aus der Mittelschicht (mit entsprechender Schulbildung) sollten über verschiedene Darstellungstechniken an ihre Ausdrucksmöglichkeiten herangeführt werden. Pantominische Ratespiele, Maskenspiel, Schattenspiel, Grommolospiele. Diese Ausdrucksformen zwingen sie, sich inhaltlich vorläufig zu einigen, und Probleme nicht verbal, sondern im Spiel darzustellen und den Inhalt am gespielten Ergebnis zu diskutieren. Auf diese Weise kann verhindert werden, daß die beiden Bereiche, inhaltliche Diskussion und Spielsituation, auseinanderfallen und die speziellen Qualitäten der spielerischen Auseinandersetzung nicht zur Anwendung kommen.

Es gibt verschiedene Möglichkeiten, Menschen an spielerische Vorgänge heranzuführen. Aber gerade, wenn in einer Gruppe noch nicht gespielt worden ist – vor allem bei Kindern und Jugendlichen –, sollte man die geselligen Spielformen zur Auflockerung und Entspannung wieder nutzbar machen. Die Wirkung der Rate- und Gruppenspiele kann durchaus verwendet werden, um aus der neugewonnenen Gesellschaftsspielstimmung zu darstellenden Spielen überzugehen. In der weiteren Phase des darstellenden Spiels können dann Darstellungstechniken, Theaterübungen verwendet werden, um eine gewisse Sicherheit im Spiel zu erreichen und eine fruchtbare Mischung aus spontanen, intuitiven Spieläußerungen und gestaltetem Spiel zu schaffen. Beide Bereiche sind wichtige Grundlagen für jede Art von Spiel. Natürlich sollten die Spielübungen nicht mechanisch übernommen werden, sondern Anregungen sein, sie als Gestaltungsmaterial zu benutzen oder weiterzuentwikkeln, sie zu aktualisieren.

Darstellende Gesellschaftsspiele und Pantomime

Wie beginnt man?
Die erste Phase des Spielens muß vom Pädagogen gut vorbereitet sein. Die Erfahrungen haben gezeigt, daß man verschiedene spielerische Formen vorbereitet haben sollte, um je nach Interessen der Jugendlichen die eine oder andere Form anbieten zu können.
Wir wollen hier eine grobe Unterteilung machen, um die verschiedenen Fähigkeiten Jugendlicher zu verdeutlichen. Der Einstieg in die Spielsituation wird den Jugendlichen natürlich erleichtert, wenn ihre spezifischen Fähigkeiten berücksichtigt werden, und wenn sie ihre Sprache, ihre Bewegungen, ihre Bildungsvoraussetzungen einbringen können. Unterteilen wir die Jugendlichen in zwei Gruppen. Einmal Jugendliche mit Hauptschulbildung, Jungarbeiter, Lehrlinge, sie verfügen nicht über die Fähigkeiten wie z. B. Abiturienten, sich verbal auszudrücken oder ein Problem sofort in einer Situation auf eine andere Ebene zu abstrahieren. Jedoch haben sie die Fähigkeit, Situationen präzise darzustellen, spontan zu reagieren und sich direkt auf Situationen einzustellen. Die besonderen Fähigkeiten von Arbeiterjugendlichen sind ohne Zweifel ihre »Schlagfertigkeit« oder, wie man oft sagt, ihr »Mutterwitz«. Hierin zeigt sich ihre Fähigkeit, spontan zu reagieren, einfache Vorgänge einfach zu sehen, und ihr Blick ist nicht durch einen Bildungsballast unterschiedlicher wissenschaftlicher Interpretation verstellt.
Genau damit ist die Gruppe Jugendlicher beschrieben, die vor allem der bürgerlichen Mittelschicht entstammen. Sie haben auf den »höheren Schulen« und Gymnasien Fähigkeiten erworben, die sich beim Theaterspielen wie auch bei anderen kreativen Tätigkeiten gegen sie wenden können. Sie müssen auf einer anderen Ebene wieder zu spontanem Handeln kommen, müssen sich bewußt Darstel-

lungstechniken aneignen, um Ausdrucksformen zu lernen, mit denen sie zur Spontaneität und zur direkten Aussage gezwungen werden. Sie haben große Schwierigkeiten, ihre Fähigkeiten, konkrete Ereignisse abstrakt zu formulieren, zu überwinden, deshalb haben sie oft eine große Scheu vor konkreten Aussagen, bleiben im allgemeinen oder gar in der Diskussion stecken und wagen nicht, ein vorläufiges Ergebnis im Spiel auszuprobieren.

Theaterspiel als Artikulationshilfe

Es ist deutlich geworden, daß das Theaterspiel als pädagogisches Mittel von Pädagogen auf seine Verwendbarkeit hin genau untersucht werden muß. Der Kommunikationsträger Theater ist dann wirksam, wenn er dem pädagogischen Anliegen und dem Inhalt adäquat eingesetzt wird.

Etwas vermitteln kann ich immer nur über ein Mittel – Sprache – Bewegung – Musik – oder eben Spiel. Dazu muß ich die Gesetzmäßigkeit dieser Mittel aber kennen. Deshalb sollen im folgenden an einigen Bereichen des Spieles Anregungen und Erfahrungsberichte vermittelt werden, die für die Überprüfung der Arbeit hoffentlich hilfreiche Denkanstöße liefern, um die Freude am Spiel und die spielerische Auseinandersetzung mit unserer Gesellschaft wieder zu beleben.

Bei der Verwendung der Pantomime im darstellenden Gesellschaftsspiel ist der »Einstieg« besonders wichtig, denn von ihm hängt der weitere Verlauf der Spiele wesentlich ab.

Haben die Teilnehmer noch nicht gespielt, gilt es, die anfängliche Spielhemmung durch entsprechende Spiele zu überwinden. Geeignet sind Ratespiele, die die Konzentration der Zuschauer von der äußeren Gestalt des Spielers wegführen, man konzentriert sich auf die Lösung. Außerdem wird sich der Spieler bemühen, deutlich zu spielen und eine typische und wesentliche Bewegung auswählen.

Gut ist es auch, Ratespiele zu verwenden, bei denen man in verschiedenen Gruppen spielt, hier taucht der einzelne Spieler noch optisch in der Gruppe unter, das gibt ihm Sicherheit, andererseits kann er sich im Spiel mit dem Partner orientieren und anregen lassen. Der Wettbewerb mit der anderen Gruppe spornt an und überspielt eigene Hemmungen.

I. Ratespiele

A. Ratespiele für Gruppen

1. Sprichwörter raten

Zwei oder mehrere Gruppen bekommen ein Sprichwort vom Spielleiter genannt und proben dann in getrennten Räumen. Das erratene Sprichwort wird erst dann genannt, wenn die Vorführung beendet ist.

Themen: Viele Köche verderben den Brei. Geschenktem Gaul guckt man nicht ins Maul. Den letzten beißen die Hunde. Wer andern eine Grube gräbt, fällt selbst hinein. Müßiggang ist aller Laster Anfang. Morgenstund hat Gold im Mund.

2. Zusammengesetzte Hauptwörter raten (Scharade)

Gefängnisoberaufseher. Im ersten Bild wird das Gefängnis dargestellt. Im zweiten Bild mehrere Ober. Im dritten Bild eine Gruppe mit einem Aufseher. Es ist beim letzten Bild wichtig, daß der Aufseher besonders ausgeprägt spielt und die anderen Spieler im Hintergrund bleiben. Oder: Kauf-Haus-Fahrstuhl-Führer. Kindergartenschwester. Schwerbeschädigtenverband. Lastwagenfahrerkneipe.

3. Situation raten

Man bildet zwei große Gruppen, der Spielleiter nennt der einen Gruppe das Thema, die sofort, ohne sich zu verabreden, zu spielen beginnt. Nach der Darstellung muß die andere Gruppe das Thema erraten. Jetzt nennt der Spielleiter der anderen Gruppe ein Thema. Man kann bei diesem Spiel die Wettbewerbssituation durch Punkteverteilung herstellen.

Themen: Auf dem Markt. In der Straßenbahn. Badeanstalt, Theaterpause. Zuschauer beim Tennis, beim Boxen, bei einer Modenschau.

4. Spielregeln erraten

Der Spielleiter vereinbart mit einigen Spielern vor der Tür pantomimische Tätigkeiten in einer bestimmten Reihenfolge. Zähne putzen, Starthaltung für Schnelläufer, durch ein Fernglas sehen, Stiefel anziehen, und wieder von vorn, Zähne putzen, Starthaltung . . .

Der Spielleiter bittet dann die Zuschauer um absolute Ruhe und weist darauf hin, daß sie die Regel erraten müssen, die den Szenenwechsel verursacht. Die Regel ist: Jedes Geräusch der Zuschauer oder irgendein anderes vorher vereinbartes Merkmal löst die neue Tätigkeit aus.

Die Spieler putzen also so lange die Zähne, bis ein Zuschauer lacht oder hustet, dann stehen alle Spieler in der Starthaltung, bis ein neues Geräusch von den Zuschauern kommt.

5. Schilderspiel
Es werden Schilder zum Umhängen mit der Aufschrift der Rolle des Spielers verteilt. Zwei Gruppen bauen Spiele, in denen alle verteilten Rollen vorkommen und spielen sie vor. Aufschriften für die Schilder: Baum, Mond, Hund, Tür, Dieb, Polizist, Wand.

B. Ratespiele, bei denen einer oder wenige vorspielen

Da bei diesen Spielen der einzelne mehr als bei den Spielen unter A aus der Gruppe heraustritt, sind sie nur für »Fortgeschrittene« geeignet, d. h., gegen Ende eines ersten oder zu Beginn eines zweiten pantomimischen Abends.
Man kann bei diesen Spielen den Wettbewerbscharakter erhalten, indem man wieder in zwei Gruppen aufteilt und immer abwechselnd einen Akteur aus einer Gruppe vorspielen läßt. Die Gruppe, die das Thema erraten hat, bekommt einen Punkt.

1. Berufe-Raten

Es lassen sich fast alle Berufe mit wenigen Bewegungen darstellen. Für jüngere Spieler empfehlen sich einfachere Berufe: Koch, Tischler, Schornsteinfeger, Polizist, Krankenschwester, Uhrmacher, Kellner, Maler ...

Für ältere Spieler sollte man Themen anderer Art verwenden: Tankwart, Telefonistin, Filmvorführer, Chemiker, Beamter, Detektiv, Regisseur.

Man kann aus diesem Spiel auch ein Improvisationsspiel machen, indem der Spielleiter die Spieler fragt, ob sie selber Themen wissen, die sie vorspielen können.

Das ist vor allen Dingen auch beim Tätigkeitsraten möglich.

2. Tätigkeiten-Raten

Bei diesem Spiel grenzt man am besten einen Bereich ab und sucht aus diesem Bereich gut spielbare Tätigkeiten heraus. Spielverlauf wie beim Berufe-Raten.

Themen: Tätigkeiten im Garten, auf dem Bau, im Fernsehstudio, Sportarten (für ältere). Für jüngere Spieler: im Garten, auf dem Bau, auf dem Jahrmarkt, im Zirkus, im Theater, Sportarten, Tiere unter Wasser, Musikinstrumente

3. Buchtitel erraten

Die Darstellung kann im übertragenen Sinne gespielt werden. Z. B.: »Vom Winde verweht« – ein Stück unsichtbares Papier wird weggepustet. Die Blechtrommel. Doktor Faustus. Durch die Wüste.

4. Filmtitel raten

Themen: Mahlzeiten, Charlys Tante, Der blaue Engel, Die Nackten und die Toten, Dracula.

5. Doppelte Begriffe raten (Auch mit Requisiten zu spielen)

Angestellter, überspanntes Frauenzimmer (Schirm), alter Spießer, Hochstapler, Vorgesetzter, Leidtragende.

6. Der Dirigent errät die Regel

Ein Spieler, der bereit ist, ein Orchester zu dirigieren, geht vor die Tür. Das Orchester legt ein Zeichen fest, bei der alle Spieler die Instrumente wechseln. Beispiele für ein solches Zeichen: Augenblinkern des Dirigenten, kratzt sich am Kopf usw.

II. Improvisationsspiele

A. mit Wettbewerbscharakter

Es besteht ein besonderer Reiz darin, mit imaginären (unsichtbaren) Gegenständen umzugehen. Allein die Überlegungen, die man anstellen muß, um einen Handlungsablauf mit imaginären Gegenständen überhaupt ausführen zu können, können schon ein Ereignis sein: wie ziehe ich den Mantel aus, wie trinke ich eine Tasse Kaffee, wie öffne ich die Tür.

1. Kettenpantomime

Drei oder vier Spieler gehen vor die Tür, und ein Spieler spielt im Raum eine kleine Szene vor. Bei ungeübten Spielern gibt der Spielleiter ein Thema an.
Ein Spieler wird dazu von draußen hereingeholt, der spielt dem nächsten vor der Tür wartenden Spieler anschließend das Gesehene vor. In dieser Folge geht das Spiel weiter, bis der letzte Spieler das von ihm erkannte Spiel vorgeführt hat.
Man muß bei diesem Spiel klären, ob der Spieler beim Vorspielen frei interpretieren kann, oder ob er streng das vorspielen soll, was er erkannt hat. Beide Versionen sind möglich.
Themen: Obst essen (Apfel, Banane, Kirschen), Anstreicher, einen Baum fällen, kochen, Billard spielen, Gewichtheber, Schwertschlucker, einen Hund ausführen, Kugelstoßen, mit einem Luftballon spielen.

2. Berufe raten
siehe Ratespiele

3. Situationen raten
siehe Ratespiele.
Man muß an dieser Stelle klären, daß unterhaltende Pantomime nicht nur bedeutet, mit überzogenen Grimassen zu spielen, Menschen auf karikierende Weise darzustellen, bei dieser Form kommt es selten zu Gruppenspielen, weil der einzelne Spieler zu sehr mit sich selbst beschäftigt ist.
Die Möglichkeit, sich als Solist zu blamieren, ist so groß, daß nur wenige Spieler zu pantomimischen Spielen bereit sind.
Bessere Erfahrungen wird man machen, wenn man sich auf die imaginären Gegenstände konzentriert. Hier gibt es eine leicht erlernba-

re Technik, der Umgang mit ihnen läßt eine Korrektur zu, mit der sich der Spieler nicht direkt identifiziert. Nicht er wird korrigiert, sondern die Pantomimentechnik.

4. Pantomimische Übungen für das Spiel mit imaginären Gegenständen

Bei diesen Spielen ist es wichtig, deutlich zu spielen, deshalb kann der Spielleiter gut auf einige Spielübungen hinweisen, die das Spiel interessanter machen.

a) es ist wichtig, durch den Griff anzudeuten, wie groß der Gegenstand ist, mit dem man spielt:

aa) Mit zwei Fingern gegriffen: Daumen und Zeigefinger greifen, die anderen Finger sind weggestreckt, so daß sie nicht mehr mitspielen können. Knöpfe, Bleistift, Füllfederhalter, Papier, Blume, Kaffeetasse greifen. Alle kleinen Gegenstände werden durch den Zweifingergriff deutlich.

ab) Mit drei Fingern gegriffen: Daumen, Zeigefinger und Mittelfinger greifen, Ringfinger und kleiner Finger werden weggestreckt. (Größere Gegenstände) Schnapsglas, größere Blume, Streichholzschachtel, Schulkreide, Zeitung, Untertasse.

ac) Mit der ganzen Hand gegriffen: (große Gegenstände), zylindrische: Bierglas, Seil, Stange, Besen, Fahne, Axt, Säge, Spaten, Flasche. Kugelförmige: Luftballon, Ball, Kugel, Vase. Flächige: Tisch, Wand, Kasten, Brett.

Es wird deutlich, welche Wirkung die Griffübungen haben, wenn man eine Blume z. B. mit zwei Fingern, drei Fingern und der ganzen Hand greift. Oder ein Seil, mit zwei Fingern gegriffen, wird zum Zwirnsfaden, mit drei Fingern ein Bindfaden, mit der ganzen Hand gegriffen ein Seil.

Eine Übung dazu: aus der gestreckten Hand mit dem Daumen und dem Zeigefinger greifen, Hand wieder strecken, dann mit Daumen, Zeigefinger und Mittelfinger greifen, die Hand wieder strecken. Mit den Händen langsam einen Luftballon größer werden lassen. Mit beiden Händen einen Kasten greifen und am Körper vorbeiführen. Dabei darf der Kasten nicht seine Form verlieren.

Eine andere Übung: Der Spieler faßt eine unsichtbare Autobusstange an und tritt links und rechts neben die Stange, ohne daß sie sich verändert, faßt die Stange höher und tiefer an.

Weitere Übungen: Die Stange drehen, als Fahne benutzen, als Besen benutzen (ohne die Schultern zu verrenken).

b) Der Spieler muß auf das Gewicht des imaginären Gegenstandes achten. Deutlich bei einer Eisenkugel und beim Luftballon.

c) Der Spieler muß versuchen, den imaginären Gegenstand wirklich zu sehen. Eine imaginäre Zeitung muß auch vom Blick her entstehen. Die Sehschärfe des Auges ist zwischen die die Zeitung haltenden Hände gerichtet. Nicht auf den Hintergrund, die Zeitung ist nicht durchsichtig.

Auch bewegte Objekte läßt der pantomimische Spieler vom Blick her entstehen, Tennisball, Federball, Autos auf einer entfernten Landstraße, der langsame Flug eines Luftballons.

5. Mit imaginären Gegenständen imaginäre Geräusche erzeugen

Der Spielleiter nennt dem Spieler Geräuschbezeichnungen:

Klingen	– Der Spieler stellt zwei Gläser dar (indem er trinkt), stößt mit ihnen an und läßt sie klingen.
Knarren	– Der Spieler schleicht und öffnet eine Tür, die dabei knarrt.
Summen	– Einer Fliege nachschauen
Knallen	– Einen Luftballon zum Platzen bringen
Rauschen	– Wasserhahn aufdrehen oder an der Toilettenschnur ziehen.
Zischen	– Luft aus dem Autoreifen lassen.
Knistern	– Mit einer Zeitung knistern.

6. Eigenschaften raten

Der Spielleiter gibt eine Handlung und teilt dann dem einzelnen Spieler eine Eigenschaft zu. Freude, Trauer, Angst, Müdigkeit, Eile, Mut, Zorn, Gleichgültigkeit, Stolz, Hochmut.

Spielthemen: Eine Wand streichen; Ein Beamter, der Anträge genehmigt; Ein Polizist, der einen Passanten durchsucht; Ein Gast, der widerwillig das ihm angebotene Essen verspeist, wobei der Gastgeber entgegengesetzt reagiert.

7. Verschiedene Darstellungsformen erraten

Komödie	– Ein groteskes Spiel mit vielen Gags
Tragödie	– Jede Bewegung ist bedeutungsvoll
Oper	– Dramatische Gebärden, wenn es interessant wird, wird gesungen.
Krimi	– Es werden viele Zigaretten geraucht und alle Gegenstände genau überprüft.

Klassische Pan-
tomime   – Alle Bewegungen werden mit Anfangs- und Schluß-
tocks ausgeführt.
Themen: Zwei Menschen sitzen auf einer Bank . . .
Jemand bekommt einen Brief . . .
Ein Holzfäller pflückt Blumen . . .

B. ohne Wettbewerbscharakter

1. Imaginäre Gegenstände verformen und weitergeben

Die Spieler müssen sich bei diesem Spiel vorstellen, alle Gegenstände seien auch Knetgummi, man kann also aus einem Handtuch eine
Krawatte formen, aus der Krawatte ein Gewehr, aus dem Gewehr ein
Lenkrad. Durch den Gegenstand inspiriert, können die Spieler auch
ständig den Handlungsort wechseln. Man kann bei diesem Spiel den
ersten Gegenstand weitergeben, oder den dritten Gegenstand, der
im Spiel auftaucht, weitergeben, oder überhaupt keine Regel setzen. Im letzten Falle würde der Spieler dann den Gegenstand weitergeben, mit dem sein Spiel endet. Der neue Spieler hat dann die
Möglichkeit, sich einen neuen Gegenstand zu formen und damit ein
neues Spiel zu beginnen.

2. Spiel mit imaginären Geräuschen

Die Spieler bekommen die Aufgabe, eine kleine Szene zu erfinden,
in der fünf imaginäre Geräusche enthalten sind.

3. Geräusche vom Tonband als akustische Spielkulisse

Die Spieler bekommen einige Gegenstände und ein Tonbandgerät

22

mit Zubehör und erfinden Geräusche zu einer kleinen pantomimischen Szene. Beides wird dann vorgeführt.

4. Ein Teil der Pantomime ist nur vorgegeben
Der Spielleiter nennt nur Anfang und Ende des Stückes.
Erste Szene: Ein Mann schneidet eine Anzeige aus der Zeitung aus
. . . Letzte Szene: Der Mann sitzt im Café, eine Dame und zwei Herren kommen herein, die Dame zeigt auf ihn, die Herren bitten ihn mitzukommen.
Andere Möglichkeit; Erste Szene: In einer Bar stehen zwei Männer (a + b), ein dritter (c) kommt herein. Daraufhin geht Mann a unauffällig weg. Letzte Szene: Mann a schenkt einer Frau eine Halskette, wird verhaftet.
Variationsmöglichkeit: Nur der Anfang oder nur das Ende ist vorhanden.

5. Die Spieler bekommen Requisiten
Der Spielleiter verteilt an mehrere Gruppen unterschiedliche Gegenstände. Buch, Messer, Pistole, Flasche, Eimer, Tuch, Mantel, Kasten, Bild, Gemälde.
Bei diesem Spiel dürfen tatsächlich vorhandene Gegenstände mit imaginären Gegenständen vermischt werden. Man gießt aus einer Flasche in ein imaginäres Glas, steckt sich mit richtigen Streichhölzern eine imaginäre Zigarette an.
Die Requisiten dürfen auch zweckentfremdet eingesetzt werden. Man kann eine Suppenkelle als Mikrophon benutzen, oder eine Flasche als Fernglas, einen Kasten als Radio, einen Ball als Bombe, einen Tisch als Floß . . .

6. Zeitungsthema
Der Spielleiter gibt den Spielgruppen je eine Tageszeitung und läßt daraus Spielthemen auswählen. Das Thema darf abgeändert werden oder die Handlung vorher oder nachher gespielt werden.

III. Kleine pantomimische Spiele

A. Für Kinder von 6–10 Jahren

Vorbemerkung

Bei dieser Form der Pantomime ist es gut, wenn der Spielleiter die Handlung erst als Geschichte erzählt. Danach teilt er die Rollen auf und beschreibt ein wenig die Handlungsorte.

Es folgt wieder eine Erzählung, zu der die Kinder gleichzeitig spielen. Der Spielleiter hat so die Möglichkeit, gleichzeitig durch seine Erzählung den Spielverlauf zu beeinflussen. Man kann gut Erzählung und Regieanweisung miteinander mischen.

Wenn Text gesprochen wird, sollte er von den Spielern improvisierend erfunden werden, er kann sich ständig verändern. Der Spielleiter kann auch Textstichworte während des Spielens geben.

Der Spielleiter sollte alle Anweisungen, auch die, die nur für einzelne Spieler gedacht sind, laut für alle Spieler vernehmlich geben, damit keine uninteressanten Pausen für die anderen entstehen.

Kinder in diesem Alter besitzen so viel Phantasie und Darstellungsvermögen, daß man mit ihnen keine Pantomimentechnik zu proben braucht. Man sollte die Naivität bei der Auswahl des Spielthemas nutzen und Themen wählen, die der Bewegungsfreude der Kinder keine Grenzen setzen. Kinder spielen z. B. die Wellen und das Wasser mit, spielen die Flammen des Feuers, wachsende Blumen, Tiere, auch Gegenstände, Kleiderhaken, Standuhr, Zäune, Wände, Brunnen . . .

Kleine Gegenstände werden aber trotzdem imaginär gezeigt.

Gegenstände auf der Straße: Straßenlaterne, Telefonzelle, Normaluhr, Zeitungskiosk, Eisenbahnschranke, Denkmäler, Tanksäule, Wasserpumpe. In der Kneipe. Theke mit Abwaschvorrichtung, Spielautomat (Geräusch kann mitgeliefert werden), Standuhr mit Pendel, Garderobenständer, Pendeltür.

In der Wohnung: Tisch (wenn erforderlich), Stühle, Standuhr, Tür, Fenster, Kommode mit Schublade, Spiegel.

Themen:

Einbruch in einer Villa:

Die vier Ecken des Hauses, Tür, Fenster, Bett, Kommode. Vor dem Haus eine erleuchtete Straßenlaterne (mit erhobener Hand, Leuchten durch zitternde Hand andeuten), wird mit einem imaginären Stein ausgeworfen. Der Dieb steigt durchs Fenster ein und wird vom schlafenden Hausbesitzer vor der Kommode überrascht und gefesselt.

Apfeldieb im Garten:
Eine Wasserpumpe, ein imaginärer Gartenschlauch, eine Hundehütte mit Hund, eine Hecke, die später mit einer Heckenschere geschnitten werden kann, Blumenbeet, Apfelbaum. Alle Pflanzen wachsen, nachdem sie mit einer Gießkanne begossen worden sind.

In einer Straßenbahn:
Ein Fahrer, ein Schaffner, Fahrgäste. Bei der Anfahrt und beim Anhalten muß der Ruck von allen Spielern in beide Richtungen, vor und zurück, mitgespielt werden.

Spiel in einer Kneipe:
Pendeltür, Theke, Kartenspieler, ein Ober, ein Spielautomat (Geld ins Ohr werfen, den Arm als Hebel benutzen, das gewonnene Geld nimmt man aus der anderen hervorschnellenden Hand). Die Geräusche dürfen imitiert werden.

Orchestrionpuppen:
Jede Puppe bekommt ein Musikinstrument zugeteilt und muß sich mechanisch bewegen. Die Geschwindigkeit wird durch den Spieler, der die Kurbel bedient, angegeben.

Auf dem Zeltplatz:
Zelt aufbauen, Holz hacken, Feuer anmachen, im Schlafsack schlafen, sich waschen, Zähne putzen, essen (natürlich nur das, was man in der Umgebung finden kann).

Der Puppenmacher und der Dieb:
Die Puppen werden gebaut, der Puppenmacher probiert immer neue Bewegungen vor dem Spiegel aus (mit Spiegelbild) und überträgt dann die Bewegungen auf die Puppen. Sie bewegen sich immer perfekter. Nachts will der Dieb eine Puppe stehlen, aber die anderen Puppen fangen ihn.

Indianerspiel:
Ein gestohlenes Totem wird zurückerobert. Marterpfahl, Kriegsrat abhalten, Pfeife rauchen, Medizinmann befragen, Siegestanz.

Museumsbesichtigung:
Verschiedene Statuen berühmter Menschen sind ausgestellt. Columbus mit Fernrohr, Napoleon, Charly Chaplin, Tänzerin, Boxer, Sänger ... Der Wärter staubt die Figuren ab und aus Versehen auch einen Besucher. Ein Dieb schleicht sich ein, transportiert eine Figur ab. Immer, wenn der Wärter in seine Richtung blickt, stellt er sich schnell als Figur auf und bleibt starr stehen.

B. Themen für Jugendliche und Erwachsene

- Vorübungen.
  Einen Kasten von links nach rechts am Körper vorbeiführen. Farbe streichen, Stoff abbürsten, Fenster putzen, tapezieren, Papier falten (Zweifingergriff), Teig kneten, fester Teig, wird immer flüssiger, Wasser schöpfen. Mantel aufknöpfen (Dreifingergriff).
- Obst essen
  Apfel, Apfelsine, Banane, Pfirsich, Kirsche, Johannisbeeren. Die Unterschiede deutlich machen. Apfel abputzen und fest hineinbeißen, nasse Hände, tropft. Johannisbeeren mit den Zähnen abziehen, Kopf zurücklegen.
- Anstreicher im Obstgeschäft
  Die Anstreicher stehlen nebenbei verschiedenste Sorten des Obstes und essen es heimlich.
- Zwei Klempner sollen in einer überschwemmten Wohnung reparieren. Der Wohnungsbesitzer hat es eilig. Werkzeugkasten, Butterbrot, Bierflasche.
- Im Fahrstuhl
  Ein Fahrstuhl bleibt stecken, die Insassen empören sich, haben

Angst, werden müde. Man unternimmt die ganze Zeit hindurch Kontaktversuche zur Außenwelt.

- Schwarzer Markt
An einer Straßenbahnhaltestelle versucht ein aufdringlicher Verkäufer, etwas unter der Hand zu verkaufen. Die Wartenden reagieren unterschiedlich.
- Angelsport
Mehrere Angler werfen abwechselnd ihre Angeln aus und beobachten sich kritisch, wenn jemand etwas gefangen hat. Den Fisch spielt man mit stark zitternden Händen. Kurze Impulse von der Hand.
- Billard zu dritt
Der Gewinner muß eine Runde bezahlen.
- Zwei Diebe schleichen durch einen dunklen Raum, Schlägerei, sie erkennen sich, stehlen zusammen, ein dritter Dieb kommt dazu.

IV. Pantomimenübung für die gestaltete Bewegung des ganzen Körpers

Bei den folgenden Übungen kann die Pantomimentechnik zur Entwicklung eines Körpergefühls verhelfen, die den Spieler in die Lage versetzt, den Körper als Einheit zu empfinden und Aktionen und Reaktionen auf die gesamte Haltung zu übertragen.
- Seilziehen, Gegengewichtsübung
Die Bewegung wird vom Becken geführt. Greift der Spieler das Seil auf der rechten Seite, ist das Becken weit auf der linken Seite. Beim Heranziehen wird das Becken auf die rechte Seite geführt. Beim Nachgreifen wieder das Becken nach rechts.
- Spiel mit dem Luftballon (Zeitlupenbewegung für die Traumdarstellung zum Beispiel)
Körpergewicht auf dem rechten Bein, in die Knie gehen. Die ganze Übung wird auf dem Fußballen ausgeführt. Den Luftballon in der rechten Hand, ihn hochstoßen, dabei langsam auf dem rechten Bein hochkommen. Den Luftballon mit dem Blick verfolgen. In der Mitte ist der Körper gestreckt, auf der linken Seite das Körpergewicht auf das linke Bein übertragen und wieder langsam in die Knie gehen.
Der Körper bleibt bei dieser Übung ganz passiv, man drückt sich nur vom Fußballen hoch. Der Spieler muß bei dieser Übung das

Gefühl haben, genauso wie der Luftballon aufzusteigen und wieder herunterzukommen.

— Federball (in Zeitlupe)
Der Spieler steht auch bei dieser Übung wieder auf beiden Fußballen und bewegt sich ganz langsam. Es gibt einen Schlagarm und einen Schwungarm. Ist der Schlagarm vorn, so befindet sich der Schwungarm hinten, beide Arme befinden sich immer in entgegengesetzter Richtung. Ist der Schlagarm vorn gekreuzt, so ist der Schwungarm hinter dem Körper gekreuzt. Auch für dieses Spiel sind große Bewegungen erforderlich. Den Aufschlag des Balles spielt man durch einen kleinen Akzent (Impuls) mit der Hand (Tock genannt).

— Der pantomimische Tock
Wenn man eine Bewegung verdeutlichen will, kann man das mit diesem Tock tun. Der Beginn einer Bewegung kann mit einem Anfangstock eingeleitet werden, zum Abschluß ein Endtock. Anfangsimpuls, Endimpuls. Greift der Spieler ein Glas mit der zylindrischen Griffübung, so wird der Griff mit dem Tock verbunden. Wenn das Glas an den Mund geführt ist, akzentuiert man diesen Punkt durch einen Schlußtock. Trinktock, Absetztock am Mund, Absetztock, wenn das Glas auf den Tisch gesetzt wird.

V. Maskenspiel

Von den Masken geht eine ungeheure Ausstrahlung auf die Zuschauer aus. Die Spieler müssen bemüht sein, die Erwartungen des Zuschauers, die durch die Masken ausgelöst sind, zu erfüllen. Deshalb sind die Masken gut geeignet für erste Spielübungen, um sich Themen zu erspielen.

Zu verwenden sind besonders gut Karnevalsmasken aus Gummi oder Plastik. Die Figuren sind stark typisiert und regen die Phantasie der Schauspieler an. Der strenge Vater, der liberale Vorgesetzte, die liebevolle Mutter, der ernste Gastarbeiter. Es ist auch sehr interessant, wenn man nun die Masken vertauscht, und nachdem man sie nach den vertrauten Vorstellungen eingesetzt hat, nach anderen Gesichtspunkten variiert.

VI. Masken selber bauen

Selbst gebaute Masken sollten ein realistisches Äußeres haben. Wenn sie »kunstvoll« abstrahiert sind, regen sie die Phantasie beim Spielen nicht mehr an, dann erschöpft sich der Ausdruck im Bildnerischen.

Die einfachsten Techniken des Maskenbaus sind die verschiedenen Kaschiertechniken. Man stellt eine Positivform aus Ton her. Von dieser Form kaschiert man dann die Spielmaske, eine Möglichkeit ist die mit Zeitungspapier und Leim. Nachdem die Grundform mit Vaseline oder anderem Fett eingeschmiert wurde, werden in Leim getränkte Zeitungsschnipsel auf die Form gedrückt und in mehreren Schichten übereinanderkaschiert, eine besondere Stabilität erhält die Maske, indem man eine Schicht mit kleinen Gazestoffstückchen (Mullbinde) dazwischen legt.

Eine andere Kaschiertechnik gibt es mit Kunststoffen, z. B. »Arguplast« von Degussa. Ein in Azeton löslicher Kunststoff wird ebenfalls in kleine Stücke geschnitten und, nachdem er in einer Azetonlösung aufgeweicht wurde, auf die eingefettete Positivform kaschiert. Man kann auch mit flüssigem Kunststoff arbeiten. Der flüssige Kunststoff wird mit einem Pinsel auf eine eingefettete Negativform gestrichen.

Die fertigen Masken werden dann mit entsprechenden Farben angemalt.

Nach den ersten Spielübungen mit Masken ist es ratsam, über die Darstellungstechniken des Maskenspiels zu sprechen. Der Spieler muß lernen, mit der Maske zu spielen und zu denken. Jede Geste, jede Bewegung muß auf die Wirkung der Maske abgestimmt sein.

Die Kontrolle des Spieles muß genauer sein und ist nur möglich, wenn die Schauspieler gelernt haben, sich selbst und die gesamte Szene nicht nur aus dem eigenen Blickwinkel zu sehen, sondern aus der Sicht des Zuschauers zu erleben.

Dieses ist eine zentrale Spielübung. Bei einem Dialog auf der Bühne muß ich als Schauspieler immer den Zuschauer als dritten indirekten Dialogpartner mit einbeziehen, so daß jede kleine Reaktion auf den Spielpartner auf der Bühne auch die große Distanz zum indirekten Beteiligten im Zuschauerraum berücksichtigt. Deshalb müssen Sprache, Bewegung und Gestik entsprechend vergrößert werden. Gerade diese Übungen sind mit Masken sehr gut zu realisieren, weil Masken durch ihre starke Ausstrahlung diese Wirkungen mit einbeziehen, aber vom Spiel diese Fähigkeiten bei den meisten Spielern erst entwickelt werden müssen.

VII. Grommolospiele

Grommolospiele sind Übungen, bei denen Geste und Sprache miteinander in Verbindung gebracht werden können. »Grommolo« ist abgeleitet von »grommeln«, undeutliche Aussprache, murmeln, brummeln usw. Die Spieler entwickeln auf der Grundlage unserer Sprache eine neue Phantasiesprache, die zwar auf unseren Lauten aufgebaut ist, in der aber direkte Worte nicht verwendet werden. Die einfachste Form ist das Spiel mit Vokalen und ihren Ausdrucksformen. A, E, I, O, U. Ahh, Ä, Ejj, Ihhh, Oh, Uhh, hiermit drücken wir ja sehr intensiv Gefühle aus, und diese Tatsache hilft bei entsprechenden Spielübungen sehr schnell die entsprechenden Gesten dazuzufinden.

Beispiele:

Johanna und Kalle.

Johanna ist böse auf Kalle, sitzt verärgert in einer Ecke.

Kalle liest interessiert ein Buch.

Kalle, beim Lesen: »Eujeujeujeu (Pause) na, na, na (Pause) oho, ha danstenowa die mentelo, ha, ha.«

Johanna: (Leise, verärgert) »Da bessel bollero blök, blök.« (zeigt ihm einen Vogel)

Kalle: (weiterhin mit seiner Lektüre beschäftigt, geht kurz auf sie ein) »Haah, (zeigt auf das Buch) dasente, da puhh, ja, ja, ohhhhh, eujeujeu.«

Johanna: (noch verärgerter) »Ehj, duuu, jobong, jobong, duuu.«

Kalle: »Hä, hä, hä.«

Johanna: (freundlich, hinterlistig) »Soo, ha, ha.« (Steht auf, geht zu Kalle, nimmt ihm das Buch weg, geht zurück auf ihren Platz.)

Kalle: (Verärgert) »Ohhh, da wetter maner wek. (Pause) Ehj, (winkt ihr) na meer, ehj, (energisch) ehj, los, ejehjehj, du posse.«

Johanna: »Nee, das inner neee, so.«

Kalle beschimpft sie: »Duu, sollermeier, duannerfetter du lesten welnen watten.«

Johanna fängt an zu heulen: »Ähhh, das inner watt, ohhhhh, du baller, ohhhhh, uhhhhhhhuhhhhuhh, (beschimpft ihn) ekkenballer, uhhhuhhh, ümmer ümmer, öhhööhööhöö.«

Kalle beruhigt sie: »Na, jaa, est nich never not, jaaa, jaa, jo, joj, joj, joj.«

Johanna fragt: »Est ne mehr leiver?« (Zeigt dabei auf das Buch)

Kalle: »Na ja, est na lever.« (Setzt sich zu Johanna, nimmt das Buch und liest ihr daraus vor.)

Est just amal an pann, dee wonnte nimmer watten usw.

Diese Übungen sind besonders als Improvisationsübungen geeignet, die Spieler sind bemüht, ihre Lautsprache durch ergänzende Gesten zu verdeutlichen, so daß automatisch eine Einheit zwischen Sprache und Geste hergestellt wird.

Als Hilfe kann man auch versuchen, eine andere Sprache zu kopieren, etwas italienisch, französisch, russisch oder englisch, ohne dabei sich inhaltlich an bestehende Wörter zu klammern. Eine andere Übung ist aus der Commedia dell' Arte abzuleiten. Die Figuren der Commedia dell' Arte, Pantalone – der reiche Kaufmann, Dottore – der Arzt, Kapitano – der Schiffsoffizier, Arlecchino – der Diener, Columbina – seine Freundin usw. Alle Figuren haben spezielle ausgeprägte Bewegungen, und mit einem Phantasieitalienisch können die Spieler gut eine entsprechende Lautsprache entwickeln. Anregungen für diese Improvisationen enthält ein Buch über die Commedia dell' Arte von Reinhardt Spörri im Rene Simmen-Verlag, Zürich.

2. Rollenspiel

Es gibt verschiedene Vorstellungen vom Rollenspiel und eine große Verwirrung, denn Rollenspiel ist genau wie Gruppendynamik zu einem Zauberwort geworden, und viele Pädagogen erwarten übernatürliche Kräfte für ihre Arbeit aus diesen Bereichen. Sicherlich gibt es eine Menge methodischer Hilfen für unterschiedliche Fachbereiche durch diese Spieltechniken. Aber, das ist wichtig zu bemerken, sie ersetzt nicht anderes Fachwissen. Wenn nun ein Pädagoge meint, er kann, indem er Rollenspiel macht, gleichzeitig über persönliche Verhaltensstrukturen des Spielers urteilen, psychologische Ausdeutungen seines Verhaltens wagen, dann kommt meistens mangels einer entsprechenden fachlichen Ausbildung nichts weiter als Kaffeesatzlesen heraus. Ebenfalls ist es Unsinn zu meinen, das Rollenspiel sei geeignet für Einzel- oder Gruppentherapien, wenn die Pädagogen nicht über eine entsprechende Ausbildung und über die nötige Zeit und Ausstattung für die therapeutische Arbeit verfügen.

Es ist natürlich richtig, daß ein Psychologe oder Psychotherapeut bei entsprechenden Fachkenntnissen das Spiel und das Rollenspiel für seine Arbeit nutzbar machen kann. (Moreno, Gruppenpsychotherapie und Psychodrama, Stuttgart 1959.)

Dieser Bereich sollte aber aus den erwähnten Gründen hier nicht besonders behandelt werden. Es ist pädagogisch sinnvoll, wenn der Spielpädagoge beim Rollenspiel nur über das Gesehene diskutieren läßt und auf der Spielebene über Rollenverhalten diskutiert.

Sicher gibt es Zusammenhänge zwischen gespieltem und tatsächlichem Rollenverhalten des Spielers. So kann man deutlich machen: du hast die Autoritätsperson nicht mit dem entsprechenden autoritären Verhalten gespielt.

Eine Geste kontrollieren; die Worte und ihren Ausdruck diskutieren; eine gemeinsame Analyse der gespielten Autoritätsrolle setzt den Spieler danach instand, das entsprechende Rollenverhalten einzuüben, obwohl er es in der Realität noch nicht im einzelnen konnte. Auf diese mittelbare Art wirkt dann tatsächlich das Rollenspiel auf persönliches Verhalten ein. Während das unmittelbare Gespräch, ohne über das Rollenspiel zu sprechen, »Warum hast Du das autoritäre Verhalten nicht spielen können? Warum konntest Du dich in Deiner Umgebung nicht autoritär verhalten?« Verunsicherung und Hemmungen hervorrufen können, die möglicherweise nicht wieder aufgearbeitet werden können.

Wie entsteht Rollenverhalten? Eine interessante Arbeit und wichtige Erkenntnisprozesse entstehen bei der Untersuchung, von welchen Faktoren Rollenverhalten bestimmt wird.

a) die Sozialisation, soziale Umgebung, sozialer Status, als persönlichkeitsbildende Faktoren
b) psychische Verfassung und Grundstimmung der Person
c) Umgebung und Erwartung der Umwelt

Diese drei Bereiche können an verschiedenen Beispielen als rollenbestimmende Faktoren nachgewiesen werden. Aus dieser Diskussion sollten sich direkt Spielübungen ergeben. In vielen Diskussionen hat sich als besonders wichtig die Erfahrung der Beteiligten herausgestellt, daß sie ihre persönlichen Erlebnisse und Schwierigkeiten in der Verallgemeinerung kennengelernt haben. Das ist eine der wichtigsten pädagogischen Aufgaben, durch Rollenspiel zu erfahren, daß Probleme des einzelnen innerhalb der Gemeinschaft zu verallgemeinern sind und von den Beteiligten ähnlich empfunden werden. Etwa die Strukturen der Familien oder die Schwierigkeiten im Beruf und mit der Ausbildung usw.

I. Fortsetzungsspiel

Um die Auswirkungen der gesellschaftlichen Bedingungen und der Rollenerwartung anderer Personen auf das Rollenverhalten deutlich zu machen, ist es gut, wenn man eine Person an verschiedenen Orten, bei verschiedenen Aufgaben und Tätigkeiten verfolgt. So die Geschichte eines Familienvaters in vier Fortsetzungsspielen:

Szene 1
Der Vater am Arbeitsplatz in einer Versicherungsanstalt; Zusammenarbeit mit seinen Kollegen, Auseinandersetzung mit seinem Abteilungsleiter; Geburtstagsfeier eines Kollegen; berufliche Beförderung eines Kollegen usw.

Szene 2
Der Vater in der Familie; er kommt von der Arbeit nach Hause, kümmert sich um seine zwei Kinder, seine Frau möchte von ihm wissen, was auf der Arbeit passiert ist, er will seine Ruhe haben, Vater ist zu einer Elternversammlung in die Schule seines Sohnes Rudi eingeladen, Tochter möchte abends noch weggehen, es gibt Streit darüber.

Szene 3

Der Vater auf der Elternversammlung; die Eltern sollen Stellung zum neuen Lehrplan nehmen, er ist nicht richtig informiert, andere Eltern beschweren sich, wollen, daß er sich an einer Elterninitiative beteiligt. Der Lehrer versucht, ihn zur Mitarbeit im Elternrat zu bewegen, die Eltern des Freundes seines Sohnes laden ihn zu sich nach Hause ein.

Szene 4

Sonntagvormittag in der Familie; das Auto muß gewaschen werden, die ganze Familie soll nachmittags ins Grüne fahren, die Tochter will mal wieder nicht mitfahren, es gibt Streit. Der Vater soll in der Küche mithelfen, will aber die Reifen vom Auto wechseln, Streit zwischen Mutter und Vater. Das Mittagessen wird nicht rechtzeitig fertig, da die Mutter mal wieder alles allein machen mußte; Gespräch beim Essen über Taschengeld; als alle bereit zum Sonntagsnachmittag-Spaziergang sind, trifft unerwarteter Besuch ein, alle bleiben zu Hause und freuen sich über den Überraschungsbesuch. Freuen sie sich wirklich?

Nun ist es auch möglich, die anderen Personen in ihren anderen Lebensbereichen weiter zu verfolgen, so daß vielleicht deutlich wird, was die Tochter versäumt, wenn sie abends nicht weg darf, oder warum die Mutter sich wünscht, von der Hausarbeit entlastet zu sein usw.

Innere und äußere Faktoren bestimmen das Rollenverhalten

Die Szenenfolge zeigt, daß einzelne Aspekte innerhalb eines Tagesablaufes miteinander in innerem Zusammenhang stehen. Wenn der Vater sich durch die Einladung geehrt und aufgewertet fühlt, kann es sein, daß diese Empfindung seine Entscheidung noch beeinflußt und er doch noch in den Elternrat der Schule eintritt.

In der ersten Szene kann die Auseinandersetzung mit dem Abteilungsleiter eine andere Wendung nehmen, wenn die Beförderung des Kollegen des Vaters für ihn günstig auswirkt.

Fühlt er sich durch diese personelle Veränderung in seiner Position gestärkt, schwinden seine Ängste dem Vorgesetzten gegenüber, wird er mit einem anderen Selbstbewußtsein auftreten.

Ist jedoch im anderen Falle der personelle Wechsel ungünstig für diese Auseinandersetzung, wird er sich schnell aus diesem Konflikt zurückziehen.

Aus diesem Rückzug kann sich nun seine miese Stimmung entwikkeln, mit der er nach Hause kommt und mit der er sich seinen Kindern zuwendet.

Diese inneren und äußeren Zusammenhänge des Rollenverhaltens sollen mit den Fortsetzungsspielen entdeckt und bewußt gemacht werden.

II. Pantomime – Bewegung – Haltung – Mimik – als Gestaltungsmittel des Rollenspiels

Die Pantomime ist in den letzten 20 Jahren durch Marcel Marceau und Pantomimen, die aus derselben Schule kommen wie er, bekannt geworden. Man übersieht aber meist dabei, daß es sich hier um einen Bereich dieser Kunst handelt. Marceau hat vor allem das Spiel mit imaginären Gegenständen verwendet und die pantomimischen Grundübungen in vielen Variationen zu höchster künstlerischer Wirkung gebracht.

Angewandte darstellende Bewegung
Die Technik der Pantomime ist aber umfassender, sie ist die Lehre der Bewegung. Mit der Pantomimentechnik bekommen wir ein Gestaltungsmaterial der angewandten darstellenden Bewegung zur Verfügung, mit dem wir wie der Maler auf seinem Gebiet Szenen, Ereignisse naturalistisch, realistisch oder auch abstrahierend gestalten können.
Die beiden großen Bereiche der Grundübungen sind:
1. Alle Übungen, die zur Herstellung von Spannungen dienen.
Verschiedenste Haltungen, geführte Bewegungen, die auf den gespannten, gestreckten Körper aufbauen, lassen den Spieler und den Zuschauer erkennen, daß die Bewegungssprache wie andere Künste allgemeine Zeichen und Symbole kennt, die von allen Menschen verstanden werden. Bei diesen Übungen werden die Bewegungen sehr stark in die Richtung Selbstbewußtsein, Kraft, Freude, Erwartung, Mut und Aktivität gedeutet.
2. Alle Übungen, die zur Herstellung von Entspannung dienen.
Entspannung des ganzen Körpers, aber auch einzelner Partien. Diese Bewegungen ergeben Gestaltungsmaterial in der zweiten Richtung, der vorher genannten entgegengesetzt. Trauer, Mutlosigkeit, Leid, Enttäuschung und Schmerz.
Zwischen diesen beiden extremen Bereichen liegen nun aber unzählige Nuancen menschlichen Empfindens, und hier beginnt das schöpferische Umgehen mit dem vorgegebenen Material.

Psychische Verfassung und körperliche Haltung
Gerade für das Rollenspiel ist es wichtig, tiefer in die Verhaltensweisen der dargestellten Menschen einzudringen, als es durch spontane explosive Ausbrüche geschehen kann. Die psychische Verfassung eines Menschen drückt sich vor allem in seiner Bewegung, seiner Haltung aus. Das, was wir mit unserer Sprache kaschieren können, weil wir sie bewußter als die Bewegung einsetzen, wird, wenn
wir die Bewegung analysieren, freigelegt und sichtbar. Wie vielfältig
kann ein Mensch z. B. auf einem Stuhl sitzen? Ist er im Vollbesitz
seiner Kräfte, und ist er interessiert, seine Umgebung zu beobachten, wird er eine andere Sitzhaltung einnehmen, als wenn er am Ende seiner Kräfte ist und teilnahmslos seine Umgebung ignoriert.

Sprache und Bewegung
Die Sprache ist ein Kommunikationsmittel, das wir mit größerer
oder geringerer Virtuosität erlernt haben, aber durch den ständigen
Gebrauch und durch die vielfältige Anwendung der Worte sind sie
nicht so eindeutig und präzise an Gefühlen festzumachen. Die Geste der Bewegung ist besser geeignet, Emotionen und psychische
Grundsituationen zu verdeutlichen. Hinzu kommt die Tatsache, daß
auf der psychisch-emotionalen Grundlage, die oft durch non-verba-
le Kommunikation geschaffen worden ist, Entziehen von Blickkon-
takten, keine oder verringerte Reaktion auf ein Angebot des Part-
ners, autoritäre Geste usw. die verbale Kommunikation vollzogen
wird. Um die gegenseitige Beeinflussung von Sprache und Bewegung analysieren zu können, ist es wichtig, pantomimische Rollenspiele mit entsprechenden realistischen Themen zu erarbeiten, um
diese Erfahrungen dann wieder im Umgang mit dem Wort einbringen zu können.

III. Beispiel: Rollenspiel – nonverbale Kommunikation

Sozialamt: Gaby – Praktikantin, Frau Krüger – Sozialarbeiterin, Herr
Menzel – leitender Sozialarbeiter
Menzel sitzt am Schreibtisch, ordnet die Akten, Frau Krüger kommt
herein, grüßt kühl, Menzel erwidert kühl; Gaby kommt etwas später
dazu, sie kommt zu spät; Frau Krüger grüßt freundlich, Menzel grüßt
kühl, Gaby geht zum Spiegel, kämmt sich die Haare, Krüger und
Menzel sehen sich vielsagend an; Menzel legt Gaby stillschweigend
Akten auf den Tisch, räuspert sich; Frau Krüger zündet sich nach ei-

ner Weile eine Zigarette an, Gaby und Menzel husten, werfen sich Blicke zu, Menzel ist verärgert, er öffnet die Fenster, lächelt Frau Krüger dabei Einverständnis heischend an; Frau Krüger fühlt sich gestört, sie sitzt dicht am Fenster, wartet und erträgt die Situation; macht dann schließlich das Fenster wieder zu; sie bietet Gaby und Menzel Bonbons an, Gaby nimmt freundlich an, Menzel lehnt noch verärgert ab.

Gaby bekommt einen Telefonanruf, sie lacht in einigen Abständen aufdringlich, Menzel und Krüger fühlen sich gestört; Gaby dreht sich von beiden ab und telefoniert weiter; die Spannung wächst, Gaby versucht, das Gespräch zu beenden, legt schließlich den Hörer auf; Frau Krüger holt eine Kaffeekanne, fragt, wer Kaffee haben möchte, Menzel bejaht – Gaby verneint die Frage; Krüger kocht Kaffee, begießt gleichzeitig die Blumen, Menzel beobachtet das, steht schließlich auf und begießt einen Blumentopf noch einmal; Frau Krüger beobachtet das mißtrauisch und schüttelt verärgert den Kopf – serviert ihm ärgerlich den Kaffee.

Gaby geht mit einer Akte zu Menzel und zeigt ihm ein Schriftstück; Menzel lacht laut auf, Gaby entdeckt ebenfalls eine lustige Stelle auf dem Blatt – lacht ebenfalls; Frau Krüger bittet um Ruhe, aber beide lachen weiter, Frau Krüger nimmt verärgert Handtuch und Seife und geht ab.

Gaby geht zurück auf ihren Platz, nimmt sich ihren Lippenstift aus der Tasche, schminkt sich vor dem Spiegel – Menzel schaut interessiert zu; Frau Krüger kommt zurück, Menzel schaut in die Akten; Gaby kämmt sich, Menzel legt ihr nach einer Weile eine neue Akte auf den Tisch; Menzel und Krüger schauen sich vielsagend an.

IV. Emanzipatorische Aspekte des Rollenspiels

Die Tatsache, daß individuelle Erlebnisse aus ihrer Individualität herausgeholt werden und verallgemeinert werden, hilft allen Beteiligten bei der Reflexion ihrer Situation und der Einordnung in allgemein-gesellschaftliche Strukturen. Getroffene Aussagen innerhalb eines Spiels sind kontrollierbar und können nach einer gemeinsamen Prüfung korrigiert werden. Diese Technik zwingt die Spieler und Zuschauer, ihre Oberflächlichkeit in der Wahrnehmung ihrer Umwelt zu durchbrechen und eine neue Sensibilität in der Wahrnehmung alltäglicher, scheinbar nebensächlicher Vorgänge in der menschlichen Kommunikation zu erreichen. Weiterhin können anhand der Darstellungen alternative Verhaltensweisen erarbeitet werden; etwa neue Lösungen für einen sozialen Konflikt geprobt werden, die Gründe für unterprivilegierte Positionen gefunden und partiell beseitigt werden. Es können neue soziale Verhaltensweisen, die den Beteiligten in den entsprechenden Situationen nutzen, geprobt und ausprobiert werden. Auch wenn der weitere Schritt – nämlich die Umsetzung in die Realität – dann erst von einzelnen oder von der Gruppe selbst und ohne Hilfe des Mediums geschehen muß, so kann man doch aus den Erfolgen sagen, daß wichtige Hilfen in dem eben aufgezeigten Sinne mit dem Rollenspiel gegeben werden konnten.

Wichtige Themen hierbei sind: Wie kommt Solidarität zustande? Was verhindert Solidarität? Das Auftreten bei einem Vorgesetzten; bei öffentlichen Veranstaltungen; Verhalten innerhalb einer Familie; in konträren Diskussionen in Jugendgruppen usw.

Hierbei können sogar Übungen aus dem Spielbereich helfen, selbst wenn sie nur die Spieltechnik betreffen – wie die Sprechtechnik (Wie rede ich lauter?) oder die Raumordnung (Von welchem Platz aus habe ich eine strategisch günstige Position?).

3. Kindertheater und Rollenspiel

Kinderspiel als Mittel der Nachahmung und der Bewältigung der Wirklichkeit. Beim nicht angeleiteten naiven Spiel des Kindes entwickelt das Kind diejenigen Kommunikations- und Artikulationsfähigkeiten, die es in der alltäglichen Kommunikation vernachlässigt. Es sucht sich im freien Theater die Themen, die ihm diese Möglichkeiten bieten. (Vater-Mutter-Kind-Spiel, Arzt-Spiel, Heldengeschichten usw.).

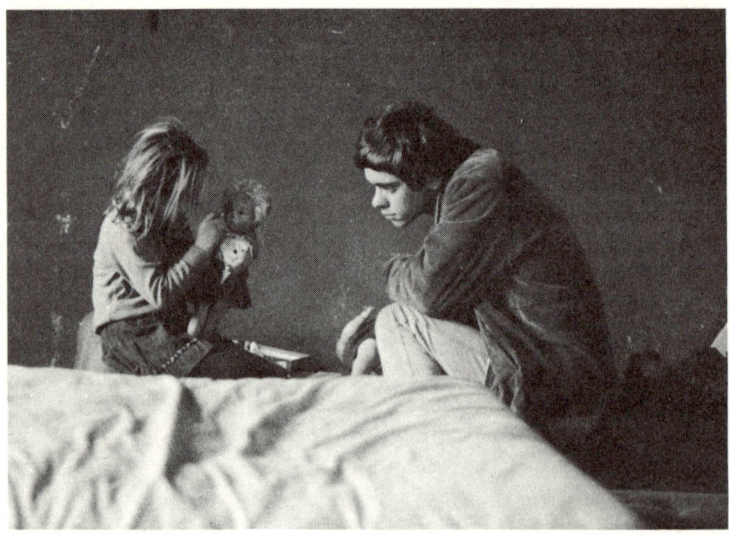

Es baut sich seine Welt nach eigener Gesetzmäßigkeit, schirmt sich von den Erwachsenen ab und entwickelt neue gesellschaftliche Regeln und Gesetzmäßigkeiten. Hier hat das Kind endlich die Möglichkeit, in seinem Bereich als Autoritätsperson anerkannt zu werden, hier kann es Entscheidungen treffen, die befolgt werden und erfährt Fürsorge und Solidarität. Gerade deshalb ist diese Spielform aber eine Gefahr für die Entwicklung des Kindes, wenn dieser kompensatorische Effekt nur allein verwirklicht wird, lernt das Kind, seine sozialen Probleme ersatzweise im Freiraum zu klären und befriedigt seine sozialen Interessen nur scheinbar.

Den Erwachsenen erfährt das Kind in diesem freien Spiel nur als Eindringling, der sich nicht zurechtfindet in einer umgestalteten Umwelt und deshalb aggressiv mit Verboten und konventionellen Reglementierungen reagiert.

Die Chance des freien Spiels liegt darin, daß der Erwachsene die zaghaften neuen kreativen Aussagen des Spiels erkennt, die Wünsche und Bedürfnisse des Kindes, die sich im Spiel artikulieren, aufgreift und den Bezug zur realen Umwelt herstellt. So ist es wichtig, die soziale Umgebung des Kindes genau zu kennen und alle Lösungen und neuen Fertigkeiten, die sich im Spiel entwickelt haben, auf die Brauchbarkeit in der Realität zu überprüfen. Hieraus kann sich schon ein vorstrukturiertes Spiel oder ein Lernspiel entwickeln.

I. Rollenspiel, Lernspiel, Kommunikationsspiel

Theaterspiel ist generell ein Mittel, das zum bewußten Handeln herausfordert. Der Spieler muß sich überlegen, wen er spielt, wie die Person motiviert ist, die er spielt, und welche Beziehung sie zu ihrem Partner hat. Folglich wird es immer notwendig sein, die Spieler in ihrer sozialen Beziehung in Abhängigkeitsverhältnissen und unterschiedlichen Interessenlagen zu fixieren.
Rollenspiele sind nur dann auch Lernspiele, wenn von den Spielern die sozialen Bezüge selbst herzustellen sind und die gesellschaftlichen Interessen- und Konkurrenzverhältnisse erklärbar gemacht werden können, wenn sie Position und gesellschaftlichen Status in Beziehung zum individuellen Wunschbild sehen usw.
Innerhalb eines sozial abgesteckten Rahmens werden die Kommunikationsstrukturen und Fähigkeiten aufgezeigt, die sich aus der entsprechend sozialen Umgebung bieten. Hierbei treten sehr schnell Klischeevorstellungen auf; ein Kind aus einer Arbeiterfamilie überzeichnet das Verhalten der Angehörigen einer bürgerlichen Familie, im umgekehrten Fall dasselbe. Erst die genaue Beschäftigung mit der Situation des anderen zeigt die Differenzen und die Parallelen beider auf.

II. Rolle und Funktion der Erwachsenen

Der Erwachsene (Pädagoge, Spielleiter, Gruppenleiter usw.) muß den Kindern seine pädagogische Zielsetzung nennen und mit ihnen die Methoden diskutieren. Dies ist Voraussetzung für eine kollektive Arbeit. Ebenfalls muß er seine soziale Position, auch wenn sie in gewisser Diskrepanz zu der der Kinder steht, klarmachen. Denn auch hieraus wird soziale Wirklichkeit deutlich, und in jeder Analyse gesellschaftlicher Situationen stehen diese Diskrepanzen unausgesprochen dahinter.

Der Erwachsene muß den Kindern seine gesellschaftlichen und moralischen Normen und Vorstellungen nennen und ihnen die Möglichkeit einräumen, eigene Normen und Vorstellungen zu entwickeln. Es ist seine Aufgabe, das Kinderkollektiv unabhängig von seinen eigenen Wertvorstellungen fähig zur Bildung und Artikulation eigener Meinungen und Entscheidungen zu machen. Diese Form kann realisiert werden, ohne sich dem antiautoritären Prinzip anzuschließen.

Walter Benjamin (in seinem »Programm eines Proletarischen Kindertheaters«) steht auf dem Standpunkt, daß erst das Kaltstellen der »moralischen Persönlichkeit« im Leiter die ungeheuren Kräfte freimache für das eigentliche Genie der Erziehung: Nämlich die Beobachtung. Das Kindertheater muß nach Benjamin auf Erwachsene als echte moralische Instanz wirken, die unvermeidlichen moralischen Angleichungen und Korrekturen nimmt das Kinderkollektiv an sich selbst vor. Proletarische Erziehung bedeutet das Setzen eines Rahmens, eines sachlichen Gebiets, und nicht wie in der bürgerlichen Erziehung das Setzen einer Idee, zu der erzogen wird.

III. Pädagogische und politische Ziele eines »Sozialbezogenen Kindertheaters«

A Die Kinder müssen im Spiel ihre sozialen Probleme erfahren, erleben, nacherleben und ihre individuellen und sozialen Beschränkungen kennenlernen. Diese Beschränkungen sind u. a. geschlechtsspezifische Rollenverhalten, Gruppenunfähigkeit, unreflektiert übernommene Normen, Klischeevorstellungen und Vorurteile, Angst vor sozialer Verantwortung, Unfähigkeit, sich in die soziale Umgebung einzuordnen.

B Daraus folgt das Kennenlernen des gesellschaftlichen Systems und Einschätzung der individuellen Fähigkeiten, das Zuordnen zur gesellschaftlichen Schicht (Klassenbewußtsein), Entwicklung von sozialen Bezügen, Erkennen von individuellen und gesellschaftlichen Interessen, Bewußtsein für solidarisches Handeln.

C Dritter Schritt ist die Ausarbeitung neuer Lösungen durch Entwicklung von Selbstbewußtsein, Artikulation und Durchsetzung eigener Forderungen, solidarisches Handeln in gesellschaftlichen Bereichen, aktive Beteiligung an der Gestaltung der Umwelt, Fähigkeit, die eigenen Wünsche und Interessen vermitteln zu können.

D Die Bewußtmachung des gesellschaftlichen Status der Familie, der gesellschaftlichen und beruflichen Verantwortung des Vaters, können Einsichten von Konflikten auch aus der Sicht der Erwachsenen vermitteln. Das Vermitteln von Konflikten aus der Sicht der Erwachsenen verhindert nicht die Bewußtmachung eigener Rechte, sondern dient der Schulung der Interessen und bestärkt die Kinder in ihrem Bedürfnis, von Erwachsenen als Kommunikationspartner anerkannt zu werden.

Um diese Forderungen erfüllen zu können, wird wohl deutlich, daß das Kind nicht nur mit gesellschaftlichen Einzelkonflikten konfrontiert werden darf, sondern daß es schon Kategorien für die Gesamtheit gesellschaftlicher Wirklichkeit bekommen muß.

IV. Bericht über eine Kindertheateraufführung

»Dufte, laß dir det nich jefallen!« Der junge Herr von fünf Jahren fuchtelt temperamentvoll mit Händen und Füßen. Und mit einem Schluck aus der Limonadenflasche stärkt er sich bereits für den nächsten lautstarken Kommentar. Der Berliner Steppke sitzt zusammen mit rund 60 Kindern der verschiedensten Altersstufen im Jugendfreizeitheim am Halemweg und sieht die Theatervorführung einer Laienspielgruppe.

Dieses »Theater für Kinder und mit Kindern« unterscheidet sich vom gewohnten Kindertheater ziemlich stark. Rotkäppchen und der böse Wolf, der unheimliche Zauberer oder der lustige Kasperl fehlen auf der Bühne. Anstelle der beliebten Märchenfiguren werden den Kindern Personen und Situationen aus ihrer eigenen kleinen Welt gezeigt:

Die Eltern wollen zusammen mit Besuchern fernsehen. Den Kindern verbieten sie das Spielen, da sie zu laut sind und stören. Was soll nun geschehen? Die Spieler stellen diese Fragen direkt an ihre kleinen Zuhörer. Und die Antworten und Vorschläge sind erstaunlich, oft komisch:

»Spielt doch einfach weiter«, empört sich ein kleines Mädchen. Peter in der Ecke ist für einen Kompromiß: »Erst guckt ihr zusammen Fernsehen, und dann könnt ihr ja alle zusammen spielen«. Der zornige junge Herr in der ersten Reihe ist dagegen ganz anderer Meinung. »Macht die ›Glotze‹ doch einfach aus!« Und tatkräftig stürmt er zur Bühne und reißt den Stecker heraus.

Die Gruppe von jungen »Schauspielern«, es sind meist angehende Pädagogen, Schauspielschüler und Abiturienten, freut sich über diese spontanen und manchmal auch recht heftigen Reaktionen seines jungen Publikums.

»Denn das wollen wir ja gerade erreichen. Das kritische Bewußtsein der Kinder sollte so früh wie möglich geweckt werden«, erklärte Michael Kramer. Der Dozent für Pantomime und Theater im Jugendheim Wannsee leitet die Gruppe.

Am Ende des Stückes läßt er die Kinder die Szenen nachspielen. »Sie haben damit die Möglichkeit, sich selber auszudrücken, und manchmal erfinden sie sogar einen völlig neuen Schluß.«

Der Andrang und die Begeisterung der kleinen Leute ist dann am Ende auch immer sehr groß. Angelika möchte unbedingt die Mutter spielen und Peter auf jeden Fall den Onkel. Da ist es gar nicht immer einfach, allen Wünschen gerecht zu werden.

So begeistert wie die Kleinen reagieren die Erwachsenen jedoch nicht immer auf dieses Experiment. Eine Mutter soll bei der letzten

Vorstellung mit ihrem Sprößling den Raum verlassen haben. Sie hatte offenbar Befürchtungen, er könnte daheim zu »rabiat« werden.

V. Kindertheater in Jugendfreizeitheimen

Die Kindertheatergruppe des Wannseeheims für Jugendarbeit e. V. und des Theaters Zentrifuge e. V. hat sich in der ersten Phase ihrer Arbeit mit der Form der Großveranstaltung für Kinder beschäftigt und den Versuch unternommen, durch die Vorführung sozialer Konfliktsituationen den Kindern ihre Situation im Elternhaus, in der Schule, im Jugendfreizeitheim bewußt zu machen.

Indem die Kinder das Gesehene nachspielen konnten, durchlebten sie das gesehene Spiel nochmals und setzten sich dabei schon zum Teil mit neuen Verhaltensweisen auseinander.

In den Spielen wurden außerdem Klischeegestalten aus ihrer einseitigen Darstellung herausgeholt und durch andere Darstellungen der Versuch einer Objektivierung unternommen.

Die Kritik an diesen Veranstaltungen ist, daß diese kurzfristigen Eindrücke natürlich nicht ausreichen, um eine weitergehende Bewußtseins- oder Verhaltensänderung zu bewirken.

Die Einflüsse, denen die Kinder täglich durch ihre Eltern, die Schule und durch ihre Freunde ausgesetzt sind, sind durch ihre ständigen Wiederholungen stärker. Ebenfalls kann eine solche Großveranstaltung nicht die speziellen Probleme der anwesenden Kinder erreichen. Diese speziellen Probleme ergeben sich aus der Zugehörigkeit zu einer speziellen Wohngegend, aus dem gesellschaftlichen Status, der sozialen Herkunft.

Diese Überlegungen führten dann zu einem neuen Versuch, nämlich kontinuierlich mit einer kleinen Gruppe von Kindern zu arbeiten.

Die Chance dieser Arbeit sah man darin, die Themen der Spiele von den Kindern entwickeln zu lassen, um damit einen Einblick in die soziale Situation der Kinder zu bekommen und die Verhaltensweisen der Kinder innerhalb und außerhalb des Spieles analysieren und protokollieren zu können, Kontakte zu den Eltern zu bekommen und mit ihnen aufgetretene Fragen zu diskutieren.

Unserer Erfahrung nach ist das Theaterspielen dazu besonders geeignet, Situationen und Ereignisse so zu veranschaulichen, daß sie für alle Anwesenden so einsichtig werden, daß eine gemeinsame Reflexion über Ursache und Wirkung möglich wird.

Das betrifft den Bereich des Nachspielens von Erlebtem. Dieser Bereich hat auch gleichzeitig die Wirkung des sich Freispielens und des Sich-Kennenlernens. Durch diesen Bereich des Spielens wird eine emotionale und rationale Vertrauensbasis hergestellt.

Der zweite Bereich baut auf dem Nachspiel auf. Hier kann das Erlebte weitergeführt werden, hier kann, wenn die dafür geschaffene erwähnte Basis vorhanden ist, kreatives Verhalten, soziale Phantasie und »konkret-utopisches« Denken einsetzen.

Wir haben in zwei Berliner Freizeitheimen mit den Spielgruppen begonnen. Die eine Gruppe begann in Kreuzberg in der Naunynstraße, die andere in Charlottenburg in der Niebuhrstraße.

In der Naunynstraße und in der Niebuhrstraße haben wir mit Kindern aus Arbeiterfamilien zu tun, die Eltern haben sehr wenig Zeit für ihre Kinder, so daß man sagen kann, daß die Kinder aufgrund ihrer sozialen Herkunft keine Möglichkeit der Befriedigung ihrer Bedürfnisse erhalten wie Ausleben ihrer motorischen Bedürfnisse, Vertrauens- und Anerkennungszuteilungen, Förderung ihrer intellektuellen und schöpferischen Bedürfnisse.

A. Bericht Naunynstraße

Nach den ersten Gesprächen im Jugendfreizeitheim Naunynstraße stellt sich heraus, daß zwei Mitarbeiter sich an der Theatergruppe beteiligen werden. Man vereinbart, daß außer dem Spieltermin noch einmal in der Woche eine Auswertung unter den pädagogischen Mitarbeitern stattfinden soll. Die ersten Spiele ergeben sich aus den räumlichen Gegebenheiten des Hauses in der Naunynstraße und durch die Wirkung der von uns mitgebrachten Plastikmasken.

Als die erste Wirkung, die vom Medium Theater ausgeht, nicht mehr so stark vorhanden ist, treten stärker die normalen alltäglichen Verhaltensweisen der Kinder auf:

Eine starke Unkonzentriertheit und ein enormes Bedürfnis, aufgestaute motorische Bedürfnisse ausleben zu können.

Für uns ergibt sich die Frage: wie weit müssen wir diese Bedürfnisse ausleben lassen, denn sie sind Ursache von ständigen Aggressionshandlungen, oder wie weit müssen wir, genau wie es sonst nach unseren Erfahrungen in den Jugendfreizeitheimen gemacht wird, diese Bedürfnisse disziplinieren? Wenn die motorischen Bedürfnisse bei einem Treffen in ersten Ansätzen abreagiert sind, so sind sie bis zum nächsten Treffen wieder so stark aufgestaut, daß wir von vorn anfangen müssen.

Aufgrund dieser Situation ist es sehr schwer, überhaupt eine gemeinsame Diskussions- und Reflexionsphase durchzuhalten.

Die Mitarbeiter aus der Naunynstraße haben die Möglichkeit, hierauf durch ihre weitere Arbeit einzugehen.

Das heißt, sie beschränken sich in der Vielzahl ihrer Beschäftigungsangebote und bieten den Kindern eine ähnliche Möglichkeit wie im Kindertheater, ihre Bedürfnisse befriedigen zu können. Im Hof des Freizeitheimes wird ein Holzhaus umgebaut und eingerichtet, die Kinder können nach eigenen Vorstellungen handwerkliche Arbeiten ausführen.

Diese Arbeiten sind ähnlich wie im Theater Nachspiel des Erlebten, gehören also zu unserer 1. Nachspielphase.

Ebenfalls werden im bildnerischen Bereich von einem Mitarbeiter Aktionsspiele angeboten, die ein Ausleben der wichtigen Bedürfnisse ermöglichen.

Erst als unsere Arbeit in dieser Form mit den pädagogischen Mitarbeitern koordiniert wird, konnten wir gemeinsam im Theater inhaltlich arbeiten.

Es war zu beobachten, daß die Aggressionshandlungen zwischen den Kindern nicht mehr so stark waren, wir konnten beginnen, in schüchternen Anfängen ein Gruppengefühl zu entwickeln.

Durch ständige Aufzeichnungen der Verhaltensweisen einzelner Kinder konnten wir, wenn Interessen einzelner nicht berücksichtigt wurden, anfangen, es zu problematisieren.

Die Kinder haben es nicht gelernt, sich auf die Bedürfnisse anderer einzustellen, sie sind unfähig zu jeder koordinierten Form sozialer Interaktion. Diese Probleme haben wir als Spielthemen mit eingebracht, so daß im Spiel in einigen Fällen das schon erreicht wurde, was sie in ihrer Gruppe noch nicht erreichen können. Koordination und Organisation von Wünschen. So ergaben sich in dieser Arbeit zwei Bereiche. In einem Bereich kamen die Spielthemen von uns, indem wir die von uns erkannten sozialen und individuellen Probleme einbrachten, im zweiten Bereich kamen die Spielthemen von den Kindern, weil sie uns Aufschluß über den weiteren Einwirkungsbereich, dem die Kinder ausgesetzt sind, geben.

Mit diesem zweiten Bereich ist vor allem die Persönlichkeitsbildung durch die Familie und die Schule gemeint.

Hier stellte sich sehr bald heraus, daß die Kinder dazu erzogen werden, Verhaltensweisen und Anschauungen unkritisch zu übernehmen. So sind in den Spielen und in den Diskussionen genau die sozialen Vorurteile bei den Kindern zu finden, wie wir sie von Erwachsenen kennen. Vorurteile gegen Außenseiter unserer Gesellschaft, Gastarbeiter, Obdachlose usw.

Geschlechtsspezifische Vorurteile: So etwas macht ein Junge nicht, ein Junge spielt ungern eine unmännliche Rolle.

Mädchen spielen kaum Rollen, in denen sie Verantwortung übernehmen müssen. Schon früh ist bei den Kindern Angst vor Fremdem oder Ungewissem entwickelt.

So reagieren sie aggressiv auf alles, was ihnen nicht gleicht. »Mit blöden Weibern spielen wir nicht.«

Vorurteile sind ebenfalls bei der Klassifizierung von sozialer Zugehörigkeit vorhanden. Der ist arm, der darf sich nichts leisten, der ist reich, der darf sich alles leisten.

Es werden soziale Klischees und Stereotypen übernommen. Wir haben festgestellt, daß diese Verhaltensweisen durch den gesamten Bereich, der für das Kind zur Verfügung gestellt wird, unterstützt wird. Märchen, Kindertheater, Kinderbücher, Kinderfernsehen, Cowboyfilme. Die immer wiederkehrenden Gestalten und Figuren in den Märchen und Geschichten, die ihre soziale Position und ihre Charaktereigenschaften nicht verändern, sondern nach festgelegten stereotypen Gesetzen gebaut sind, lassen eine veränderte, abweichende Aussage nur mit einem Enttäuschungserlebnis zu.

Diese Erfahrungen und Eindrücke prägen gerade bei Kindern in starkem Maße ihren Erfahrungsbereich und bieten eine große Gefahr in der Bewertung, Planung ihres sozialen Bereichs, weil sie diese Klischeekategorien direkt übertragen.

Beispiel: Protokoll 11. Juni 1970.

Wir haben festgestellt, daß eine kritische Distanz zu diesen sozialen Vorurteilen zu erreichen ist, wenn die Kinder unterschiedliche Rollen spielen. Wenn ein Junge sich anfänglich z. B. geweigert hat, eine Frauenrolle zu spielen, so ist das in Verbindung mit seiner allgemeinen Beziehung zu Mädchen zu sehen. Man kann feststellen, daß dieser Junge, wenn er mehrere Male Frauenrollen gespielt hat und die Situation aus einer anderen Sicht erlebt hat, er auch sein Verständnis zu anderen, hier also zu geschlechtsspezifischen Verhaltensweisen, verändert.

Ein anderes Beispiel: Manche Kinder übernehmen anfänglich nur Rollen von Autoritätspersonen, die stehen gleichzeitig anderen gespielten Autoritätspersonen unkritisch gegenüber. Erst wenn es gelingt, dem Kind die Rolle einer unterdrückten Person vorzuschlagen und sie angenommen wird, besteht die Möglichkeit, sich über das Autoritätsproblem zu unterhalten und Autoritätsfunktionen kritisch hinterfragen zu lassen. Erst dann ist die Distanz zur Rolle und zu dem realen Wunsch, diese Rolle zu spielen, so groß, daß das Kind in einer anderen Situation eine Autoritätsperson kritisieren kann.

B. Bericht Niebuhrstraße

Nach den ersten Gesprächen in der Niebuhrstraße zeichnete sich eine vollkommen andere Situation wie in der Naunynstraße ab. In der Niebuhrstraße sind, wie in den meisten Berliner Freizeitheimen, zu wenig und außerdem keine pädagogisch ausgebildeten Mitarbeiter, die etwas über ihr Erziehungsziel und noch weniger über eine Methode sagen könnten. Es sind weitgehend Hilfskräfte, die nur Aufsichtsfunktionen haben und den Kindern Beschäftigung anbieten. Wir stellten fest, daß diese Kinder mittlerweile Verhaltensstörungen aufweisen, denn hier werden ihre legitimen drei Grundbedürfnisse auch außerhalb ihres Elternhauses aus den oben genannten Gründen unterdrückt. Das heißt, jeder Versuch, aufgestaute motorische Bedürfnisse abzureagieren, wird mit Sanktionen und geringen Bestrafungen belegt.
Wie findet diese Unterdrückung nun statt?
Die Kinder werden in kleinen Räumen durch Beschäftigungsspiele diszipliniert. Dazu sind Beschäftigungen wie Basteln, Brettspiele und Gruppensingen geeignet. Besonders bevorzugt sind alle Spiele, die nach festen Regeln ablaufen, weil das gesamte Geschehen für die Aufsichtsperson am leichtesten überschaubar ist.
Wenn man aber bedenkt, daß bei dieser Art von Spielen weder das Bedürfnis, sich motorisch auszuleben, noch die Entwicklung von intellektuellen und schöpferischen Fähigkeiten berücksichtigt werden, kann man sich vorstellen, daß die ständige Unterdrückung dieser Bedürfnisse zu massiven, aggressiven Verhaltensstörungen führen. Meistens kamen die Kinder, wenn wir in der Niebuhrstraße mit ihnen spielen wollten, aus einer solchen Disziplinierungsgruppe, so daß sie tobend und schreiend erst langsam durch neue Disziplinierung kommunikationsfähig wurden.
Die Schwierigkeit in diesem Heim ist es, zu einer Form des Sich-Frei-Spielens zu kommen, denn in dieser starken Disziplinierung kommen die Kinder nicht zu eigenen Handlungen. Jede eigene Handlung entartet sofort zum Tobespiel.
Eine Möglichkeit gab es für uns, selbst eine Autoritätsperson zu spielen, so daß man im Spiel selbst, aufgrund seines Autoritätssta-

tus, diese Disziplinierungsform anwenden und gleichzeitig problematisieren konnte.

Aus den Inhalten der Spiele wurde deutlich, daß die meisten Kinder
durch ihre Eltern keine Hilfen für ihre Entwicklung erhalten. Es gibt
für die Kinder nur nicht erklärte Regeln, die sie einzuhalten haben,
sondern sogar für die Übertretung dieser Regeln Schläge oder andere Repressalien. Die Kinder haben anfänglich ihre Dialoge weitgehend durch Schläge ausgetragen, jede Autoritätsperson hatte das
Recht zu bestrafen, und jedes Kind reagierte seine Ängste an anderer Stelle des Spieles durch aggressives Handeln ab. Festzustellen
war bei allen Kindern ein ständiges furchtsames Ausweichen vor jeder Art von Konflikten.

Dieser Verhaltungsform trägt die Konzeption der Jugendfreizeitheime weitgehend Rechnung. Das »offene-Tür«-Prinzip ermöglicht es
den Kindern, wenn sie sich nicht durchsetzen können oder wenn
sich eine Meinungsverschiedenheit anbahnt, den Raum zu verlassen und an einer anderen Aktivität teilzunehmen. Wenn also ein
Kind mit seinem Themenvorschlag nicht durchkommt, dann versucht es diesen Konflikt nicht zu lösen, sondern verläßt den Raum.
Diese Angst vor den möglicherweise auftretenden Konflikten kann
man erst abbauen, wenn man die Möglichkeit geschaffen hat, Konflikte sachlich zu lösen und damit die Bereitschaft zu schaffen, die
aufgetretenen Probleme mit den Problemen der anderen Lebensbe-
reiche in Verbindung zu sehen. Das ist aber nur möglich, wenn in
Ansätzen sich ein Vertrauensverhältnis zwischen den Erziehern und
der Einrichtung Jugendfreizeitheim entwickelt hat, damit man eine
kommunikative Basis schaffen kann, die die Konzentration der Kinder auf ein Thema ermöglicht. Die Informationen, die wir aus den
gespielten Stücken erhielten, decken sich weitgehend mit denen
aus der Naunynstraße, so daß man sagen kann, die Situation der
Kinder in der Familie und in der Schule ist ähnlich, hier sind aber
dennoch meßbare unterschiedliche pädagogische Auswirkungen
festzustellen, weil in dem einen Heim die pädagogischen Erfahrungen in die Arbeit eingehen konnten, und in dem anderen Heim die
Voraussetzung für die Umsetzung der pädagogischen Erfahrungen
nicht vorhanden waren.

VI. Voraussetzung für eine pädagogisch vertretbare Kinderarbeit in Jugendfreizeitheimen

Die Mitarbeiter des Freizeitheimes müssen von der anfallenden Arbeit her alle pädagogischen Aufgaben vorrangig behandeln können. Die Mitarbeiter müssen an der pädagogischen Kindertheaterarbeit beteiligt sein und genügend Zeit für die Auswertung und Vorbereitung dieser Arbeit haben.
Es muß in den Freizeitheimen mehrere Gruppenangebote geben, in denen die Kinder ihre Grundbedürfnisse ausleben können und in denen eine pädagogische Reflektion und Auswertung der Verhaltensweisen der Kinder und der sozialen Interaktionen gemacht wird. Diese Gruppen müssen nach unterschiedlichen Interessen und Alterskategorien gebildet werden (Beteiligung der Kinder an der Planung der Arbeit).
Die Räume in den Jugendfreizeitheimen müssen funktional nach den pädagogischen Erkenntnissen verändert werden können. Ebenfalls das Mobiliar (Aktionsräume – Abenteuerräume).
Die Mitarbeiter der Jugendfreizeitheime müssen soviel pädagogisches Interesse haben, daß sie gemeinsam mit den Mitarbeitern des Kindertheaters Fortbildungsarbeitskreise über pädagogische, sozialpsychologische und schichtensspezifische Fragen veranstalten. Langfristig gesehen sollte die Arbeit in Beziehung zur Stadtteilarbeit gesetzt werden. Die Mitarbeiter müssen zu anderen Gruppen Kontakt haben: Zu Schularbeitszirkeln, zu Lehrern, Jugendgruppen usw.

VII. Protokoll
vom Donnerstag, 11. Juni 1970, Jugendfreizeitheim Naunynstraße

Beteiligt: Martha und Ocker Hölters sowie Petra Hinze als ständige Mitarbeiterin

Bericht von Petra über ein Rollenspiel, das sie vor längerer Zeit einmal mit den Kindern gemacht hat. Sie spielten darin Vater, Mutter, zwei Kinder, Hauswart, Polizist und Kaufmann. Das Spiel hatte eine ähnliche Problematik wie unser frühes »Mutterstück«: Kinder haben nirgendwo Platz zum Spielen und werden von allen Erwachsenen vertrieben.
Die Kinder verwendeten bei diesem Spiel selbstgebastelte Masken, die aber nach ihren eigenen Worten so plump und schwer sind, daß

sie sie nur kurze Zeit tragen konnten, und auf große Plakate gemalte »Bühnenbilder«: Küche, Wohnzimmer, Straße, Polizeirevier, Kneipe. Differenzierte Lösungsversuche des Problems in diesem Stück hatte Petra mit den Kindern noch nicht erarbeitet, weil sie mit der notwendigen kontinuierlichen Fortsetzung des Rollenspiels überfordert wäre.

Unser Vorschlag, ein ähnliches Spiel zu versuchen, wird von den Kindern aufgenommen, obwohl nur wenige das oben beschriebene selbst erlebt hatten.

Die Kinder bringen an zwei gegenüberliegenden, den Schulhof eingrenzenden Mauern die Kulissen an, Küche, Wohnzimmer und Straße einerseits, Polizeirevier und Kneipe andererseits. Der ganze Hof ist damit zur Spielfläche geworden.

Zunächst nehmen die Kinder die Unbequemlichkeit der selbstgebastelten Masken in Kauf.

Die Mutter fegt sehr lange die Küche aus und läßt sich von ihren Kindern dabei helfen.

Der Vater kommt von der Arbeit nach Hause. Es ist Freitag, und die Mutter fordert seinen Lohn. Vater hat aber kein Geld bekommen, was er selbst nicht bemerkenswert zu finden scheint. Mutter aber rennt wütend in die Kneipe.

Vater ist völlig hilflos. Kinder jammern erst nach der Mutter, dann laufen sie auch in die Kneipe, weil sie Durst haben. Mutter hindert sie nicht am »Saufen«.

Polizist, gespielt vom größten und stärksten Jungen, schleppt die Kinder brutal aus der Kneipe nach Hause und nimmt anschließend die Mutter fest. Dabei hilft ihm der Kneipenwirt, der sich plötzlich selbst zum Hilfspolizisten ernennt. Mutter wird ins »Gefängnis« gesperrt, in die zwischen Revier und Kneipe liegende Mädchentoilette. Der Rest der Familie zieht sich zur Beratung ins Wohnzimmer zurück. Man geht zum Gefängnis, um die Mutter zu befreien.

Die Kinder haben inzwischen die Masken abgelegt, halten aber trotzdem ihre Rollen durch.

Mit einem Rammbock versucht die Familie, die Tür des Gefängnisses einzurennen.

Polizist versucht, telefonisch Verstärkung anzufordern, aber der Vater schneidet die Schnur des (gemalten) Telefons durch. Die Kinder wollen ihre Mutter durch das Fenster befreien. Die Polizisten gehen in die Zelle, um die Flucht zu verhindern. Die Befreiung der Mutter durchs Fenster gelingt trotzdem, und nun werden die beiden Polizisten eingesperrt.

Während des Festessens der Familie gelingt es den Polizisten, trotz der Wachtposten vor der Tür, aus dem Gefängnis zu fliehen. Die Familie verschanzt sich zuerst, dann nimmt sie den einen Polizisten, der versuchte, ihr Haus mit dem Rammbock zu stürmen, fest. Der Hilfspolizist flüchtet, wird durchs ganze Jugendheim verfolgt und schließlich von zwei Mitgliedern der Familie abgeschleppt. Beide Polizisten werden gefesselt. Den Gummiknüppel hängt man als Siegeszeichen und für spätere Verteidigungsfälle an die Küchenwand. Die Familie fordert von den Polizisten zu versprechen, daß sie ihren Beruf aufgeben, weil sie so brutal waren, sonst würde man sie im Bratofen schmoren.

Die Rollen und ihre Darsteller:

Polizist:	Frank
Hilfspolizist und Wirt:	Uwe
Mutter:	Angelika
Vater:	Hardy
Kinder:	Irena, Carola, Marianne

Dieses Spiel wurde von den Kindern selbständig erfunden und gestaltet, ohne daß wir entscheidend eingriffen. Wir wollten die Kinder erst einmal im ungelenkten Rollenspiel beobachten, um Informationen über die Vorstellungswelt der Kinder zu bekommen und um sie zwanglos Bekanntschaft mit unserem Medium machen zu lassen.

Diese Protokolle machen deutlich, daß gerade in der ersten Spielphase die Fähigkeiten und die psychische Verfassung der Kinder berücksichtigt werden müssen. Es sollten, wie eingangs beschrieben, die Bedürfnisse direkt in das Spiel einfließen. Besteht ein großes Defizit Bewegungsmöglichkeiten, muß für dieses Defizit eine Ausdrucksmöglichkeit gesucht werden. Sind die Bedingungen im Jugendheim ungünstig für eine emanzipatorische Theaterarbeit, sollte dieses Thema im Spiel problematisiert werden. Wenn wir Theater nicht als neben der Realität funktionierendes Instrumentarium verstehen, sollte es auch für die Veränderung der Bedingungen mit eingesetzt werden.

In der weiteren Arbeit kann dann auch die pädagogische, inhaltliche Diskussion in die Spiele einfließen. Vorurteile, die sichtbar geworden sind, sollten nicht vom Pädagogen auf einer moralischen Ebene verbalisiert werden, sondern als Vorlage für eine neue Spielszene dienen, die dann vielleicht sogar aus sich heraus die Ursachen von Vorurteilen aufdeckt und den Kindern die Zusammenhänge verdeutlicht, ohne daß der Pädagoge als Belehrender auftreten muß.

4. Spezifische Wirkungen der Medien

In der Themenarbeit wird es immer wieder neue Phasen geben. Hat die Gruppe einen Stand erreicht, bei dem sie sich inhaltliche Klarheit verschafft hat und hat die verschiedenen Spieltechniken ausprobiert, wird das Bedürfnis wachsen, die Ergebnisse auch einmal anderen vorzuführen. Dieser Schritt sollte jedoch sorgfältig überlegt sein. Die wichtigste Frage hierbei ist, für wen wollen wir spielen, und was soll gespielt werden. Vor allem, wenn die Gruppe den Anspruch hat, ihre Zuschauer inhaltlich zu interessieren und zu informieren. So sollte der Inhalt mit den Problemen der Zuschauergruppe möglichst identisch sein. Nach diesen Kriterien müssen Spielort und Publikum ausgewählt werden.

Ebenfalls können bei diesem Schritt die anderen Medien eine hilfreiche Ergänzung sein. Bühnenbild, Requisiten, Film, Video, Drucktechnik, Musik, Geräusche, Lieder usw.

Spezifische Wirkungen der Medien, Theater, Video, Ton-Dia-Schau, Drucktechnik, Plakat, Musik.

I. Theater

Erfahrungen innerhalb einer Gruppe können zusammengetragen werden; das Spiel dient als Informationsträger in Verbindung mit

der Diskussion. Die Schauspieler sollen ihre eigenen Meinungen zur Rolle und zum Thema des Stückes haben und bei den Ausführungen auch den Zuschauern mittels einer Diskussion vermitteln. Kontakte zwischen den Akteuren und den Zuschauern sind besonders im Medium Theater möglich, da beide direkt innerhalb der spielerischen Aktion konfrontiert sind.

II. Video

(Fernsehaufzeichnungsanlage). Da die Videotechnik recht kompliziert ist, und man die Aufnahmen nur mit einer aufwendigen Technik nachträglich schneiden kann (wie beim Tonband), ist es nicht möglich, so wie beim Film, Handlungen zu gestalten und einer größeren Gruppe vorzuführen.

Deshalb dient Video mehr der Dokumentation. Historische Ereignisse, Dokumentationen, Modelle, wichtige Gruppenprozesse usw. können aufgezeichnet und konserviert werden und zu jeder Zeit wieder beliebig abgespielt werden. Ebenso können interessante Fernsehsendungen aufgezeichnet werden und stehen für die Arbeit jederzeit abrufbar bereit. Aufzeichnungen sind dann möglich, wenn gewährleistet ist, daß anschließend die einzelnen Beiträge und Einstellungen nicht mehr geschnitten werden müssen, z. B. ein aktuelles Zeitmagazin. Hierbei werden die einzelnen Beiträge hintereinander aufgenommen, so wie sie anschließend vorgeführt werden sollen.

Wie ist ein solches Zeitmagazin aufgebaut? Welche speziellen Themen und Techniken werden hier verwandt? Informationsveränderung durch unrepräsentative Auswahl, Fernsehdiskussionen, Interviews, gespielte Szenen, Kommentare, Grafik, Fachgespräche können miteinander verknüpft werden.

Fernsehdiskussion: Welche Funktion hat der Diskussionsleiter, wie ist die Lifewirkung eines Gesprächsbeitrages, wie ist die Wirkung im Medium?

Spiel mit verteilten Rollen, unterschiedliche Standpunkte zu einem Problem skizzieren.

Unterhaltungssendung: Wie kann eine Unterhaltungssendung aussehen, die unterhaltend und lehrreich zugleich ist?

Muß sich Unterhaltung und Bildung gleichzeitig ausschließen? Aufzeichnungen von Fernsehsendungen und Veränderung durch eigene hinzugefügte Beiträge. Aus den eigenen Erfahrungen, aus dem

Umgang mit dem Medium Fernsehen ergibt sich, daß die Jugendlichen aufgezeichnete Fernsehsendungen kritischer sehen, aus der eigenen Erfahrung mit der Wirklichkeit zu anderen Aussagen kommen würden.

Diese Erfahrungen müssen von der gesamten Gruppe überprüft und zu neuen objektiven Informationen verarbeitet werden.

Der große Vorteil des Mediums Video ist allerdings, daß die Jugendlichen einen leichten Zugang zu der Technik haben, mit einem gewohnten Medium umgehen und daß die Resultate sofort vorzuführen sind.

In der Jugendtheaterarbeit kann man die Videoaufzeichnungen in der ersten Arbeitsphase verwenden. Die Jugendlichen können ihre Spielszenen für die Videoaufzeichnung einrichten, aber man kann gleichzeitig darauf achten, daß die Szenen sich auch für ein zu entwickelndes Theaterstück verwenden lassen.

So ist es vorgekommen, daß eine Jugendgruppe einen Videofilm erarbeitete; als die Arbeit beendet war, stand ein gut geprobtes Theaterstück, und man brauchte nur noch gemeinsam zu beschließen, es auf einer Bühne aufzuführen.

III. Film

Die Super-8-Filmtechnik hat noch viele technische Nachteile. So ist es bislang noch nicht möglich, mit einer Tontechnik zu arbeiten, die einen Synchronton von der Qualität der 16-mm-Technik erreicht.

Deshalb sollte darauf geachtet werden, daß in der Super-8-Filmarbeit Bild und Ton zwar korrespondieren, aber nicht unbedingt Lippensynchronität erforderlich ist.

Gerade als Medium, das realistisch dokumentieren kann und Ereignisse unmittelbar einfangen kann, sollte die Technik einfach und durchschaubar eingesetzt werden.

Interessante Produkte sind immer dort entwickelt worden, wo Jugendliche nicht versucht haben, kommerzielle Formen nachzuahmen, sondern eigene einfache Formen zu entwickeln, die den Inhalten entsprachen.

Die Möglichkeit, z. B. nur die Stummfilmtechnik einmal konsequent auszuprobieren, nur Bewegungen, Räume und Objekte wirken zu lassen, kann zu interessanten Ergebnissen führen.

Zu einer bestimmten Musik können bewegte Bilder entwickelt werden (Stimmungen, Emotionen, Gedanken).

Bildergeschichten.
Die stumme Kamera zwingt uns dazu, in Bildern zu denken und zu sehen. Dies ist ein Vorteil. Deshalb sollte versucht werden, einfache Handlungen in einfachen Bildern auszudrücken. Zusätzlich kann dann nachträglich ein Kommentarton gemacht werden.

IV. Die Ton-Dia-Schau

Die Ton-Dia-Schau kann auf der filmischen Wirkung hergestellt werden, wenn Fotos die im Film vorkommende Handlung in allen Bildausschnitten zeigen, nah – halbnah-totale – Großaufnahme, und der Ton gleichzeitig mit den Fotos, also »life«, aufgenommen wird. Nachträglich können dann von den Fotos Dias gemacht werden, und Ton und Bild werden zusammen nach filmischen Gesichtspunkten gestaltet. Es ist auch für den Amateur möglich, in den Originalton z. B. Musik oder Kommentare dazuzuspielen. Für diese Technik benötigt man nur einen Fotoapparat, ein Tonbandgerät, ein gutes Mikrofon, einen Dia-Projektor.

V. Drucktechnik

Während bei Theater, Film, Fernsehen das Produkt den Zuschauern einmal oder mehrere Male vorgeführt wird, besteht die Möglichkeit bei Druckerzeugnissen, daß die Materialien mit nach Hause genommen werden können, und der Zuschauer die Information weiterhin abrufbar hat. Flugzettel, Broschüren, Plakate können in diesem Sinne als gute Ergänzung für andere Medien dienen. Bei der Herstellung kann die redaktionelle und die Autorenarbeit arbeitsteilig von vielen Gruppen geleistet werden. Hinzu kommen die grafische Gestaltung, der Druck und das Verteilen der Materialien, so daß viele Fähigkeiten bei dieser Produktionsweise benötigt werden.

VI. Plakat

Die Plakatgestaltung ist eine spezielle künstlerische Arbeit, die viele Fähigkeiten erfordert (Bild, Schrift). Es sollten mehrere Entwürfe angefertigt werden, die nach formalen und inhaltlichen Gesichtspunkten und vom Verwendungszweck her diskutiert werden müssen.

Das Plakat ist ein gutes Mittel für die Straßenagitation; damit verbunden kann eine ganze Informationsveranstaltung mit Stellwänden sein. Auch hier können die anderen Medien als Ergänzung miteingesetzt werden. Straßentheater – Handzettel – Musik – Video – Ton-Dia-Schau.

Bei der Straßenagitation ist es wichtig zu berücksichtigen, daß alle Aussagen stark vereinfacht werden, leicht verstehbar und deutlich in der Form verfaßt sein müssen. Der Straßenlärm und die vorbeieilenden Menschen sind eine Geräusch- und Störungsquelle, gegen die die Akteure agieren müssen. Deshalb ist es wichtig, optisch, akustisch und szenisch zu dominierenden Mitteln, die besondere Aufmerksamkeit der Passanten auf sich ziehen, zu greifen.

Ein neutraler oder gestalteter Hintergrund ist dabei sehr hilfreich.

VII. Musik

Nicht zuletzt hat die Beat-Musik eine so große Verbreitung der Eigenaktivitäten Jugendlicher im musikalischen Bereich bewirkt, weil sie sich der Technik bedient und weil die Jugendlichen hierbei beim Musizieren mit technischen Geräten umgehen können.

Viele Impulse dieser Musik kommen auch aus der Volksmusik, und obwohl die Texte weitgehend uninteressant sind und für viele Jugendliche, die die englische Sprache nicht beherrschen, sogar unverständlich sind, sind viele Lieder und Musiken zu einem Ausdruck des Lebensgefühls geworden. Wenn nun zu den Melodien zeitgemäße Texte hinzukommen, kann diese aktuelle Form der Musik verwendet werden, um gezielte Aussagen zu machen, die in Form einer Ballade, in Form einer musikalischen Erzählung geeignet sind, inhaltliche Vermittlung und Spaß am Zuhören miteinander zu verbinden. Die besondere Wirkung der Musik liegt darin, daß sie in der Lage ist, besondere Emotionen zu vermitteln, von einem Problem besonders die emotionale Seite anzusprechen, so daß ein gewisses Gegengewicht durch die Texte gegeben werden kann, Sachinformation, Aufklärung, Anklage.

Einfache musikalische Formen können auch ohne große Vorübungen oder spezielle Fähigkeiten eingesetzt werden. Einfache Rhythmen, einfache Melodien. Hierbei kommt es nicht auf eine besondere Virtuosität an, sondern mehr auf ein Zusammenspiel und ein gemeinsames Sichergänzen der verschiedenen Mittel – Wort – Geräusch – Musik – Rhythmus.

5. Theater für Zuschauer

Aus den Rollenspielen können sich interessante Theaterstücke entwickeln. Nur muß der Inhalt nach seinem realistischen Gehalt untersucht werden. Ist der dargestellte Konflikt in seinem richtigen gesellschaftlichen Zusammenhang dargestellt, ist der Zusammenhang zwischen Ursache und Wirkung deutlich? An dieser Stelle des Bauens von Stücken wird die Frage nach einer Dramaturgie deutlich. Wie stelle ich ein Problem dar, wie soll die Lösung sein, wem nützt die Aussage des Stückes?
Voraussetzung für ein Stück, das für andere Jugendliche aufgeführt werden soll, ist weiterhin, daß der Stoff spannend ist und anderen Jugendlichen etwas zu sagen hat.
Weitere Gestaltungsmittel können helfen, die Konzentration, die Ausdruckskraft und den Unterhaltungswert des Stückes zu erhöhen.
Vorhang (leichter, auf Draht gespannter Vorhang), Scheinwerfer, Tonband, Musik oder Diaprojektoren usw.
Mit diesem Schritt geht die Gruppe mit einer Aussage nach »draußen«, spricht andere Jugendliche an. Deshalb wird ein weiterer Aspekt wichtig. Die Gruppe muß sich die Frage stellen, was wollen wir erreichen, und wo wollen wir spielen. Sollen die Zuschauer unse-

re Erfahrungen übernehmen? Sind wir in der gleichen oder in einer ähnlichen Situation wie sie? Wo gibt es Berührungspunkte unserer Probleme? Mit dem Thema »Selbstverwaltete Jugendzentren« etwa sollte man Jugendliche ansprechen, für die dieses Thema wichtig ist oder wichtig werden kann, wenn sie aber gerade andere existenzielle Probleme haben, werden sie nicht unbedingt durch solch ein Thema motiviert, ihre Situation zu verändern.

Deshalb stehen bei einem problemorientierten Theater immer die Fragen im Vordergrund: Was will ich? Für wen spiele ich?

I. Ästhetik

Meistens wird der Begriff auf einen Teilbericht der Wissenschaft-Ästhetik eingeengt, nämlich auf die »Lehre des Schönen«. Sicherlich ist dieser Bereich bei der Definition eines ästhetischen Gehaltes wesentlich. Welche Schönheitsideale herrschen in einer Epoche vor, welche Inhalte werden von welcher Bevölkerungsgruppe als schön empfunden. (Schichtenspezifische Ästhetik.)

Ästhetik ist jedoch die Lehre der Wahrnehmung, der Vermittlung von Eindrücken und der Empfindungskategorien.

II. Dramaturgischer Aufbau

Die Frage nach einer dramaturgischen Gestaltung des Stoffes stellt sich beim Bau und beim Inszenieren eines Stückes; der Inhalt wird immer ein Ausschnitt der Wirklichkeit sein, und deshalb benötigt man Kriterien, nach denen der Umfang und der inhaltliche Schwerpunkt ausgewählt werden. **Realismus.**

Alle Dinge, die wir wahrnehmen, alle Ereignisse, die uns begegnen, sind letztlich von dem Zufall abhängig, daß Person X um eine bestimmte Zeit an einem Ort vorübergeht und ein Ereignis wahrnimmt. Das heißt, eine pure Abbildung der Wirklichkeit kann zwar 100%ig wahrheitsgetreu sein, aber nicht realistisch.

Mit dem Begriff Realismus ist verbunden, daß eine inhaltliche Aussage nicht nur »wahr«, sondern auch gesellschaftlich repräsentativ sein muß. Das heißt, in einer konkreten Situation müssen die Gesetze der gesellschaftlichen Wirklichkeit enthalten sein, und der Zuschauer muß die Ursachen und Hintergründe der handelnden Personen erkennen können.

Aus den 4 Schritten Aussage, Vermittlung, Wahrnehmung und Empfindung läßt sich die Methode ableiten, in welcher Form und in welchem inhaltlichen Ausschnitt ich die Aussage gestalten muß.

Die Dramaturgie ist nun eine den beiden erstgenannten Kategorien untergeordnete Wissenschaft. Die für alle Künste allgemeingültige Frage – was stelle ich dar – und – wie stelle ich es dar – wird nun nach dramaturgisch-theatralischen Aspekten konkretisiert. Hier nun einige stark verkürzte Aspekte und Gedanken zur Technik und Methode der Dramaturgie.

Wichtigste Faktoren des Theaters sind Zeit, Person und Umwelt. Die Faktoren stehen in einem Spannungsfeld, sie sind nicht voneinander zu trennen. Stellen wir uns ein Stück vor mit der Kombination Zeit und Person, ohne den Faktor Umwelt – der Schauspieler müßte stumm bleiben, dürfte keine Gedanken äußern, denn jeder Gedanke einer Person bezieht die Umwelt mit ein. Lassen wir den Zeitfaktor weg, würden wir eine Momentaufnahme, ein komponiertes Bild vor uns haben. Wozu nun diese analytische Trennung?

Mit diesen drei Komponenten können wir die gesellschaftliche Wirklichkeit untersuchen und von den drei Bereichen her Schwerpunkte setzen. Es sind drei Kompositionsmittel, die schöpferisch miteinander in Verbindung gebracht werden müssen und in der Verbindung oder Trennung eine dramatische Handlung ergeben. Die Zeitlinie stellt das Moment der Veränderung dar, die Entwicklung zu etwas hin oder von etwas weg.

Person und Umwelt sind die beiden Faktoren, die die Kräfteauseinandersetzung ermöglichen. Gibt es im dramatischen Verlauf eine Annäherung beider Komponenten oder ein Auseinanderstreben? Zu wessen Gunsten tritt die Veränderung ein? Die Faktoren Person und Umwelt müssen auf der Zeitlinie angeordnet sein, damit Länge, Verzögerung, Tempo, Pausen, Zeitsprünge registriert werden können.

Auf der Zeitlinie, die gleichzeitig den zeitlichen Ausschnitt aus der Wirklichkeit darstellt, sind nun folgende Entwicklungsstufen angeordnet.

1. Eingangssituation: Der Zuschauer wird eingewiesen in die Zeit; Person und Umwelt werden ihm bekannt gemacht. Die Verbindung zur Vorzeit wird hergestellt.

2. Ereignis: Eine Veränderung tritt auf, überraschend, geplant, ein erwartetes Ereignis tritt nicht ein, mögliche Ereignisse werden angedeutet . . .

3. Konflikt: Aus den Abweichungen zwischen der alten Situation

und der durch das Ereignis aufgetretenen neuen Situation entsteht ein Konflikt.

4. Neue Situation: Das Spiel der alten und neuen Faktoren bilden eine neue Situation.

Die Umbildung ist möglich durch Kampf der verschiedenen Kräfte, durch Umbildung der Verhältnisse, durch Veränderung der Zeit. Alle drei Faktoren können zum aktiven Fakt werden. Faktor Zeit – durch Zeitsprung.

5. Ausgang: Der Ausgang besagt, daß es hinter dem Ausgang weitergeht. Auf dieser Entwicklungsstufe wird der Blick in beide Richtungen gelenkt, zurück auf die Zeitlinie und über den Ausgang hinaus in die Zukunft.

Dramaturgischer Aufbau

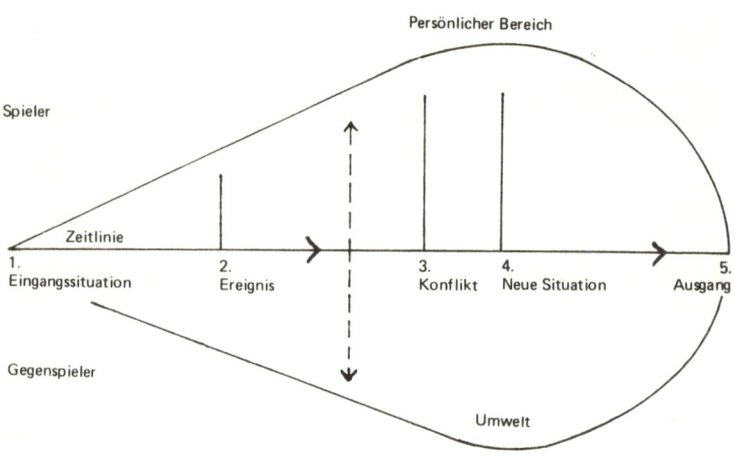

III. Dramaturgische Mittel zur Gestaltung der Szenen

Kausal-Szene: Die Handlung wird im ursächlichen Zusammenhang dargestellt.

Rückentwicklung: Die neue Situation ist schon eingetreten, Spieler und Zuschauer verfolgen die Handlung zurück. Durch ein Gespräch, ein Verhör, die Suche nach einem Fakt.

Exemplarisches Detail: Ein wichtiges Problem wird in einer kleinen

Nebenepisode dargestellt. Ein Darsteller lernt stellvertretend für den Zuschauer.

Schlüsselszene: Die Szene bringt Klärung in einen Meinungsbildungsprozeß. Die Schlüsselszene setzt voraus, daß anfangs etwas »verschlüsselt« war.

Umschriebene indirekte Aussage: Durch Beispiele und Andeutungen wird die inhaltliche Richtung festgelegt. Der Zuschauer wird in die Lage versetzt, die Aussage der Szene selbst zu finden.

Zeitsprünge: Indem Szenen aus verschiedenen zeitlichen Abfolgen nebeneinander gesetzt werden, entstehen Kontraste, die die Veränderung der Handlung besonders deutlich machen.

Diese verschiedenen methodischen Möglichkeiten versetzen uns in die Lage, je nach Interessenstand der Zuschauer und nach den spezifischen Eigenarten der Inhalte die jeweilige adäquate Gestaltungsform zu wählen. Prinzip einer realistischen Dramaturgie sollte aber auf jeden Fall sein, daß der Zuschauer, auch wenn ihm eine Zeitlang Informationen über Sachzusammenhänge oder die Verbindung zwischen Ursache und Wirkung eines Problems vorenthalten werden, während des Gesamtablaufes diese Zusammenhänge erfährt und darüber hinaus auch erkennt, warum dieses dramaturgische Prinzip angewandt wurde. Also Einblick in den Prozeß geben und die den Inhalt bestimmenden Faktoren offenlegen.

IV. Vom Rollenspiel zum Agitpropstück

Agitprop ist die Kurzform für Agitation und Propaganda. Die Begriffe sollen in diesem Zusammenhang kurz definiert werden. Ein Agitationsstück hat seinem Inhalt nach bereits eine eindeutige Richtung bekommen und besitzt in stark vereinfachter (stilisierter) Form eine zielgerichtete Aussage. In diesem Sinn ist die Agitation bewußt einseitig und zweckorientiert, denn von den Spielern wird ja beabsichtigt, eine konkrete Meinung, einen Standpunkt zu veröffentlichen oder eine bestimmte Lösung anzubieten.

Die andere Seite bildet nun die Propaganda. Hier wird ausführlich der Sachverhalt geschildert, die Hintergründe aufgedeckt und die politisch-ideologische oder philosophisch-weltanschauliche Richtung des Inhaltes erklärt. Dieses kann durch einen Sprecher oder durch ein Programmheft, ein Flugblatt geschehen.

Der »Anreißer« aber, das Interesse weckende Moment ist jedoch die kurze prägnante agitatorische Darstellung, sie soll den Zuschauer motivieren, sich mit dem Problem ausführlicher zu befassen.

Beide Teile sollten aber spielerisch miteinander verbunden werden, so daß die verkürzte Information durch die ausführliche Darstellung bereichert wird und andererseits in der ausführlichen Erzählung die wesentlichen Informationen herausgehoben werden.

Die Teilung der Bereiche Agitation und Propaganda sollte keine starre Formel, sondern mehr eine methodische Hilfe sein, um die Wirkung zu überprüfen.

Aus dem Essay »Schöpferische Probleme des Agitationstheaters« von Friedrich Wolf:

»Wir besitzen heute leider noch keine Kulturgeschichte des Agitpropspiels. Und doch existiert faktisch eine solche. Seit Jahrhunderten, ja seit Jahrtausenden gibt es typische Agitpropspieler, die den Ideenkreis der herrschenden und unterdrückten Klasse propagieren. Die altindischen Tempelspiele, das jüdische »Deboralied« (ein großartiger Dialog, in den das Volk sprechchorartig einfiel), die Kurzszenen der altgriechischen Dionysos-Spiele (die Bocksgesänge, die Tragödien), sie sind nicht freie künstlerische Schöpfungen ins Blaue hinein, sie sind handfeste, konkrete Agitation und Propaganda einer Priester- und Militärdiktatur. Sie dienten der Entwicklung von Furcht wie alle Religionen und der Gestaltung einer grandiosen Illusion, eines Mythos.

Bekannter sind uns schon die mittelalterlichen »Passionsspiele« vom Leiden Christi, die »Krippenspiele« von Christi Geburt (das Passauer und Reentiner Christigeburtsspiel) die »Höllen«- und »Teufelsspiele« und die zahlreichen »Totentänze«. Diese Spiele waren vor dem 16. Jahrhundert noch ganz kirchliche Spiele, sie fanden in der Sakristei während des Gottesdienstes statt; die Teufelsspiele in der Fastenzeit, die Passionsspiele vor Ostern, die Krippenspiele um Weihnachten. Wie die »Blauen Blusen« (Agitpropgruppe der zwanziger Jahre) lebendige Zeitung waren, so waren diese kultischen Spiele lebendige Bilderbibel. »Biblia pauperum« (Die Bibel der Armen), ein wirksames Agitpropspiel für das des Lesens unkundige Volk.

Vom kultischen zum weltlichen Spiel.

Vom Satan zum Hanswurst.

Kein Zufall, daß die Entdeckung Amerikas, das Anwerfen der Buchdruckerpresse, Luthers deutsche Bibel, der deutsche Bauernkrieg, die große Revolte des »gemeinen Mannes« 1514 bis 1525 und die

Verweltlichung der Passions- und Teufelspiele in Fastnachts- und Narrenspiele in einer Epoche lagen. Die Teufel der Teufelsspiele sprachen nicht mehr lateinisch, sie sprachen jetzt deutsch, die Sprache des gemeinen Mannes: aus dem Teufel wurde der Hanswurst, aus den Hörnern des Satans die Schellenkappe des Narren, der in der Kirche mit seinen Späßen Zeit und Personen karikierte; es war höchste Zeit, daß man die ehemals kultischen Spiele aus der Kirche entfernte. Dies geschah um 1600. Der Agitpropcharakter wandte sich jetzt gegen seine eigenen Herren, sie störten den Gottesdienst, wie sie ihm vorher gedient hatten.«

Diese Beschreibung macht deutlich, daß die Agitproptechnik in keiner Weise mit einer bestimmten politisch-ideologischen Richtung in Verbindung steht, die Technik an sich ist also noch nicht progressiv, sondern kann für verschiedene Ziele genutzt werden.

In dem zweiten Beispiel des Essays beschreibt Wolf ein mittelalterliches Spiel, in dem sehr gut deutlich wird, wie die Technik der Agitprop von den Menschen genutzt wird, die damals ihre Kritik an der Standeskirche und dem dogmatischen Katholizismus des Mittelalters formulierten.

»Aber dann gibt es noch den ›Berner Totentanz‹ des Schweizer Malers und Dichters Niclas Manuel Deutsch, der um 1530 entstand und auf dem offenen Markt zu Bern unter den ›Lauben‹ vor allem Volk gespielt wurde. In diesem Totentanz gibt es zwei Gruppen. Der Zug des Papstes, der hoch zu Roß, in Purpur gehüllt, von einer Schar Ritter, reicher Kaufleute und Bewaffneter umgeben, heranreitet . . . und dann von der anderen Seite ein Zug Bettler, Krüppel, Kriegsverstümmelter, verarmtes fahrendes Volk. Mitten auf dem Markt treffen diese beiden Züge aufeinander. Die Bettler halten den Zug des Papstes auf, der Papst selbst weist die Bettler zurecht, ein Dialog entspinnt sich zwischen dem Papst, der, ›Selig sind die Armen . . .‹ die Bettler tröstet, und dem vordersten Bettler, der – man erkennt es bald – der wiedergekehrte Christus ist. ›Weshalb bist du nicht arm?‹ fragt der Bettler den Papst, ›du, der erste Diener Christi? Wozu brauchst du Purpur und Roß und Bewaffnete um dich? Du gehörst in unsere Reihe, Christi Papst!‹ Auch der Papst erkennt jetzt in dem Bettler den Mann von Nazareth; aber er kann seine Macht jetzt nicht mehr ablegen; er läßt Christus durch seine Bewaffneten festnehmen und abführen. Man kann sich vorstellen, wie solch ein Kampfspiel gegen den Katholizismus auf offenem Markt wirken muß, zu einer Zeit, da die Kleinbauern in Deutschland Klöster und Ritterburgen niederbrannten.«

V. Beispiele für ein Jugendtheater

A. Theater, wie es das Leben schrieb

Lehrlingstheater, Schüler-, Zöglings-, Jugend-, Kinder-, Straßentheater usw.: so wurden in den letzten Jahren Theater beschrieben, die gar nicht so neu sind. Dennoch, es fällt auf: Jugendliche haben es satt, sich von der Glotze berieseln zu lassen, finden die Filmangebote im Kino zum Kotzen, haben keine Lust, nur in den Diskotheken rumzuhängen. Ein neuer Trend? Auf jeden Fall ist das Bedürfnis gestiegen, sich selber künstlerisch zu betätigen. Es ist kein Einzelfall mehr, daß Jugendgruppen Probenräume suchen, um dort Beatmusik zu machen; Jugendtheatergruppen spielen ihre Stücke in Jugendhäusern und auf Straßenfesten. In der Öffentlichkeitsarbeit der Jugendzentrumsbewegung spielten die Jugendtheater eine wichtige Rolle. Sind Jugendtheater ein Teil einer neuen, zeitgemäßen Volkskunst?
Um die verschiedenen Bürgerinitiativen herum hat sich eine Kultur entwickelt, die ganz bewußt am Volkslied und an Formen der Volkskunst anknüpft (Wyhl, Brokdorf, Spandauer Forst, Mieterinitiativen usw.). Die Jugendtheater, die aus ihren gesellschaftlichen Bereichen berichten, verwenden ebenfalls Mittel des Mundarttheaters, der Bauerntheater und der niederdeutschen Bühnen: Mittel des Volkstheaters.
Gesellschaftsbezogene Volkskunst hat es auch in vergangenen Zeiten schon immer schwer gehabt, sich gegenüber der etablierten bürgerlichen Kunst durchzusetzen. Was sich an künstlerischen Aussagen von unten, aus der Bevölkerung heraus, entwickelte, wurde von oben durch die Mächtigen unterdrückt, ja verboten.
Im 16. Jahrhundert gab es Volkstheatergruppen, die frei improvisierte Stücke, Harlekinaden und Possen, in denen der Hanswurst eine Hauptfigur ist, der sich über die Leute lustig macht, spielten. Auch im 17. Jahrhundert, während des 30jährigen Krieges entstehen solche Truppen. Sie werden Theater-Banden genannt, weil sie auch außerhalb ihres Theaterspieles allerhand »Unsinn« treiben. Es sind viele Studenten dabei, die sich damit ihren Lebensunterhalt verdienen, damit sie nicht Soldaten werden müssen.
Diese Volkstheatergruppen stehen in ständiger Konkurrenz mit dem »vornehmen«, »gebildeten« Hoftheater. Als der Hanswurst schließlich zu einer populären Volkstheaterfigur wird und seine

Possen die Bedürfnisse der Menschen ansprechen (Liebe, Lust und Leiden), wird er von Kirche und Adel verboten. Er hatte in allen deutschen Ländern Auftrittsverbot. Karoline Neuber, die Leiterin einer »vornehmen« Hoftheatergruppe, unterstützt diese Verbote, indem sie gegen den Hanswurst Stimmung machte. 1738, nach einer Theaterveranstaltung, läßt sie auf der Bühne eine Puppe im Harlekinskostüm verbrennen, dazu spricht sie folgende Worte: »Fahr hin, unrühmlicher, altmodischer Geselle, Hanswurst und Arlequin! Du stirbst auf dieser Stelle. Mit deinem Zotenkram hast du uns lang traktieret und unsere Sittsamkeit genügend attaquieret. Einmal stirbt alles aus, sogar die Schweinerein. Wir wollen künftighin mit Anmut ernster sein.«

Dieser Anspruch, schöngeistiges, sittsames Theater zu machen, hat sich tatsächlich durch die Abhängigkeit der Hoftheater durchgesetzt. Und das deutsche Volkstheater fiel in einen langen Winterschlaf.

Anfang dieses Jahrhunderts gab es einen neuen Aufschwung der Volkskunst. Mit einer starken Arbeiterbewegung entstanden Arbeiterlieder, Theater von und für Arbeiter. Die Arbeiterfotografen bildeten aus ihrer Sicht die Gesellschaft ab, Arbeiter schrieben Hörspiele. Doch nach 1933 wurden im Nazi-Deutschland diese Ansätze durch die nationalistische »Volkstums«-Auffassung in die braune Massenkultur eingerührt. Vieles, was sich demokratisch entwickelt hatte, wurde zerstört, die Nazis bestimmten, was volkstümlich zu sein hatte.

Volkskunst heute

In den vergangenen Jahren entstanden Theatergruppen, die wieder selber Stücke machen, die eigene Themen auf die Bühne bringen und mit ihren Gags, Sprüchen und »Schoten« das Zusehen interessanter machen. Lieder werden in die Stücke eingebaut, Musikinstrumente werden einbezogen. Volkskunst kann heute im Zeitalter der hochentwickelten Technik natürlich nicht mehr nur Holzschnitzen und Volkstanz heißen, Volkskunst heißt auch – mit technischen Medien (Foto, Film, Tonband, Video) eigene künstlerische Aussagen machen.

Wir müssen eine neue Beziehung zu unseren Ausdrucksmitteln finden. Eine spezielle Ästhetik kann sich nur aus den sozialen Bedingungen entwickeln. Diese Formen sind ja zum Teil schon wahrnehmbar, sie zeigen sich in der Abbildung auf dem Benzintank vom Motorrad, im Gedicht, das man an die Freundin schreibt, in den Sprüchen, die gemacht werden, wie man sich anzieht, wie der Jugendklub eingerichtet ist oder wie das Flugblatt für eine Jugendveranstaltung gezeichnet ist. Diese Formen zeigen sich, wenn der Erzieher oder der Sozialarbeiter nicht mit seinen eigenen Vorstellungen in die Arbeit eingewirkt hat. Jugendliche müssen für eine solche Kulturarbeit eigene Ausdrucksformen entwickeln, dann kommt das Theaterstück und auch der Inhalt beim Publikum an.

Nicht jede Jugendgruppe, die Theater spielt, muß als Theatergruppe zusammenbleiben, viele Gruppen machen, nachdem sie zusammen Theater gespielt haben, andere Aktivitäten in ihrer Freizeit. Manche Gruppen haben aber so »Feuer gefangen«, daß sie die Theaterarbeit fortsetzen und sich als Jugendtheatergruppe auch weiterentwickeln wollen.

B. Friedenstheatergruppe

Die Gruppe über sich

Bevor Sie das Heft weiterblättern, sollten Sie sich erstmal die Entstehung der Theatergruppe in Frieden durchlesen, es werden auch ein paar Proben-Ereignisse geschildert.

Es war im März, nach einer großen Faschingsfete, wo einige von uns Sketche aufgeführt haben, da kam uns der Einfall, wir wollen eine Theatergruppe machen. Alles schön und gut! Als allererstes mußten wir die Gruppe beim GJR (Gemeindejugendrat) durchbringen. Wir brachten also den Vorschlag vor und dachten, nun springt aber der GJR auf die Stühle und schreit: »Hurra, wir haben eine Theatergruppe!«

Aber nichts gab es. Wir wurden obendrein noch verlacht, mit Sprüchen wie »Stellt euch mal Teddy als Prinzen auf der Erbse vor oder Jörg als Rotkäppchen« usw.

Na, hin und her, der Vorschlag kam durch, und wir hatten eine Theatergruppe. Nun trat das Problem auf, wie bekommen wir Leute und welche, die etwas vom Theater verstehen. Wir gingen also zum Ehepaar Rudi und Wilma Krüger, und es klappte. Es haben sich auch so 12 Leute gemeldet, die gern mitmachen wollten, und drehten Däumchen. Das wurde aber die Stammgruppe, die die Gruppe vor dem Zerfall gerettet hat.

Wir suchten uns ein geeignetes Stück heraus, schrieben es selbst und gaben ihm den Titel: »Wenn Kinder Kinder kriegen«.

Dank Rudis Beziehungen bekamen wir einen richtigen Arzt für die

Arzt-Szene und sogar eine Heimleiterin, die die Szenen im Heim schrieb.

Wer also sollte nun die Rolle des Mädchens spielen? Mädchen hatten wir genug, aber welche wir auch probierten und probierten, die eine sollte weinen, aber sie lachte und lachte (wir wissen heute noch nicht warum), die eine sprang nach 10 anstrengenden Wochen ab. Wir fanden das alle nicht sehr ulkig. Wie Sie vielleicht verstehen werden.

Dann brachte die erwähnte Heimleiterin ein Mädchen, das schon ein Kind besaß. Es war ein nettes Mädchen, aber nun, wir haben alle unsere Fehler.

Aber nun ging unsere Arbeit richtig los.

Der durch harte Wochen Arbeit nervöse Rudi verließ manchmal enttäuscht die Proben; nicht weil wir nicht mitgearbeitet haben, nein eben der Streß.

Wilma wurde durch den ganzen Streß auch noch schwanger. Aber es kann auch Rudi gewesen sein, wir wissen es nicht so genau.

Dann wollten wir unser Stück auf Video-Recorder aufnehmen. Als wir die erste Szene fertig hatten, fiel der Scheinwerfer um. Aber wir waren es schon gewohnt, bei jeder Probe ging etwas kaputt.

Es kam auch eine Journalistin von der »BZ«, die Rudi hinbestellte. Sie »schoß« Hunderte von Bildern; auf der Bühne, hinter der Bühne, kurz und gut – überall.

Wir strengten uns riesig an. Spielen sie mal auf der Bühne und werden von überall fotografiert und dann noch von der »BZ«.

Sie stellte uns ein paar Fragen. Dann versprach sie uns, am übernächsten Tag einen Artikel über die Gruppe zu schreiben.

Also kauften wir uns am übernächsten Tag eine »BZ«. Zu unserer Überraschung mußten wir feststellen, wir sahen eine schwangere Frau und ein Mädchen, das ein Kind schon hat. Der Artikel war der Lebenslauf des Mädchens, und unten dann kleingedruckt wann und wo dieses Theaterstück »Wenn Kinder Kinder kriegen« stattfand. Mann, waren wir enttäuscht.

Dann kam der 30. November 1974. Es war der Tag der Uraufführung. Es war eine gelungene Premiere, wenn man davon absieht, daß einer der Schauspieler vor der Premiere ohnmächtig wurde.

Was tun, wir mußten die Rolle anders besetzen, und dieser Bursche rettete uns die Aufführung.

Zu jedem Überfluß bekamen wir nach der Premiere einen Mann, der sehr viel vom Theater versteht. Es sollte aber nicht unser Schaden werden.

Wir wollen jetzt Schluß machen, sonst kommen Sie nicht mehr dazu, das Heft auszulesen.
Sie werden sich bestimmt gewundert haben, daß keine Nachnamen gefallen sind. Das, was hier geschildert wurde, könnte das auch mit Stars an einem großen Theater passieren?

Mit 16 wurde sie Mutter
Morgen spielt sie in »Wenn Kinder Kinder kriegen«
Carolas Rolle – ein Stück ihres Lebens
»Wenn Kinder Kinder kriegen« heißt ein Theaterstück, das die Jugendgruppe der Evangelischen Friedenskirchen-Gemeinde Wedding selbst geschrieben hat.
Die Hauptrolle eines 16jährigen Mädchens, das ein Kind bekommt und nicht heiraten will, spielt die 18jährige Berlinerin Carola Görn, Zuschneiderin in einem Pelzgeschäft.
Sie spielt sich selbst: Denn im Alter von 16 Jahren bekam Carola ein Kind, den heute 14 Monate alten Oliver. Mit ihm zusammen lebt sie im Heim des Diakonischen Werks in Grunewald. Carola Görn wollte den Vater nicht heiraten: »Er interessiert sich nicht für das Kind – und zahlen tut er auch nicht.«
Seit vier Monaten arbeitet die Jugendgruppe unter der Anleitung von Pastor Rudi Krüger.
Und Regie führt Wilma Krüger (26), die Frau des Pfarrers. Sie ist selbst werdende Mutter.
»Mit Carola«, sagt Pfarrer Krüger, »wird es im nächsten Jahr sehr ernst, wenn die Volljährigkeitsgrenze auf 18 Jahre herabgesetzt wird.«
Dann nämlich muß Carola das Heim verlassen: »Im Moment weiß ich noch nicht, wohin ich dann soll.«

Warum spielt unsere Theatergruppe Theater?
Die meistgebrauchte Antwort, die von unseren Mitarbeitern kam, war: »Weil es mir Spaß macht!«
Eine andere Antwort war: »Weil man z. B. Theaterstücke spielt, die man sonst nicht erleben kann.«
Man ist auch mit Jugendlichen zusammen, die ungefähr die gleichen Interessen haben.
Man sprach auch davon, später zum Theater zu gehen, um dort einen Profi zu spielen. Es ist auch ein Reiz, immer neue Stücke zu spielen und zu sehen, wie das Theaterstück bei den Proben Stück für Stück für die Aufführung reif wird.

6. Gesellschaftsplanspiele und Spielaktionen

Die vier beschriebenen Modelle sind Beispiele für unterschiedliche zeitliche, örtliche und altersspezifische Spielbedingungen. 1. Das »Bauernkrieg-Spiel« dauerte 3 Wochen und wurde mit 6- bis 17jährigen Kindern und Jugendlichen im Zeltlager gespielt. 2. Das Gesellschaftsplanspiel »Arbeit und Freizeit« wurde bei einem Schulausflug im Schullandheim mit Schülern der 8. Klasse 3 Tage lang gespielt. 3. Das Sanierungsspiel. 4. Ein antifaschistisches Zeltlager 1928.

In diesem Bericht werden vier Spielaktionen beschrieben, die vom selben Ansatz her entwickelt worden sind, aber dann für verschiedene Bedingungen unterschiedlich gestaltet worden sind. Der Grundgedanke ist aus den Erfahrungen mit Planspielen, Rollenspielen, Geländespielen und Gesellschaftsspielen entstanden und setzt voraus, daß ein Interesse besteht, bekannte Methoden des Spieles mit neuen Inhalten in Verbindung zu bringen, neue Spiele zu entwikkeln, die unterhaltsam und bildend zugleich sind. Warum soll man nicht die Spiele wie »Räuber und Gendarm« oder ähnliche Abenteuerspiele mit neuen Inhalten versehen und damit zeitbezogene, aktuelle Themen benutzen, über die Kinder und Jugendliche eigene Erfahrungen besitzen und damit auch eigene Standpunkte und Argumente einbringen können.

So haben wir die Technik eines »Waldläuferlaufes« in einem Spiel verwandt, nur werden bei den einzelnen Posten nicht sinnlose oder belanglose Fragen gestellt, sondern die Aufgaben, die zu lösen sind, haben konkrete Bezüge zur täglichen Erfahrung der Jugendlichen, so daß sie das von ihnen Geforderte überprüfen und bewerten können.

Mußte man früher beim Posten einen Weberknoten knüpfen oder die Adresse eines Gruppenleiters auswendig wissen, so haben wir im »Sanierungsspiel« als Posten eine Wohnungsbaugesellschaft, mit der der Spieler einen Mietvertrag abschließen muß oder einen Bankschalter, an dem ein Kredit aufgenommen wird.

Nicht die Technik der herkömmlichen Gesellschaftsspiele ist schlecht, sondern die Inhalte. Z. B. beim Kartenspiel und beim Schach sind König und Dame hoch bewertete Figuren. Kriegsspiele und Abenteuerspiele wurden gespielt, ohne nach den Inhalten zu fragen, oder den geschichtlichen und gesellschaftlichen Hintergrund zu berücksichtigen. Die meisten Spiele sind auf dem Wettbewerbsprinzip aufgebaut, und jeder Spieler ist in diesem Konkurrenz-verhältnis darauf bedacht zu gewinnen. Daraus erhalten die meisten Spiele ihre hohe Spannung, und viele Spiele funktionieren nicht mehr, wenn dieser Wettbewerbscharakter wegfällt. Deshalb muß das Prinzip des Wettbewerbs meistens weiterhin benutzt werden. Bei einem Spiel, das einen bildenden, aufklärenden Charakter ha-ben soll, muß jedoch erklärt werden, warum ein Konkurrenzverhält-nis existiert, warum es einen Verlierer und einen Gewinner gibt. Wenn bei dem »Bauernkrieg-Spiel« im Zeltlager die Kaufleute zum Schluß gewonnen und die Ritter und Bauern verloren haben, dann muß das inhaltlich erklärt und zusätzlich durch das Aufzeigen der Parallele zur geschichtlichen Vergangenheit erläutert werden. Ge-rade hierin liegt die Chance, die Spielsituation mit der Realität zu vergleichen. Auch wenn im Spiel nicht eine vollständige Abbildung der Realität gelungen ist, schafft man doch die Motivation, über die tatsächlichen Verhältnisse zu diskutieren.

Für die Entwicklung solcher realistischer Gesellschaftsspiele muß unbedingt berücksichtigt werden:

1. Wer soll es spielen: Alter der Spieler; kennen sich die Spieler vor-her (Jugendgruppe, Jugendheim, Schüler usw.)
2. Wo soll es gespielt werden: am Tisch, im Raum, im Haus, auf ei-nem Gelände, Zeltlager, Feriendorf usw.
3. Wie lange soll das Spiel dauern: 3 Stunden, 1 Tag, 1 Woche, 3 Wochen.

Der zeitliche Ablauf muß genau geplant sein; es müssen verschiede-ne Höhepunkte bedacht werden und auch einige Reflexionsphasen vorhanden sein, in denen die Spieler auf das Erlebte zurückblicken und es verarbeiten können.

Auch sollte trotz Wettbewerbscharakter die darstellende Seite nicht zu kurz kommen. Gerade bei vorstrukturierten Spielen haben die Spieler eine gute Möglichkeit, sich auf die verschiedenen sozialen Rollen und Situationen einzustellen.

Sicherlich wird bei diesen vorstrukturierten Spielen nicht die intui-tive Improvisation im Vordergrund stehen, aber dafür gibt es andere Spieltechniken wie Rollenspiel, Improvisationsspiele und Assozia-tionsaktionen. Bei den hier beschriebenen Gesellschaftsplanspielen wird die Freude im Nachgestalten gefördert. Ein wichtiger Bereich des Spieles ist das Nachahmen des Lebens, und hierfür werden spielerische Vorgaben anhand von Materialien gemacht, um einen schnellen Einstieg in das Spiel und einen umfassenden Spielverlauf zu schaffen.

Gerade im Nachgestalten und Wiedererkennen der Wirklichkeit besteht eine Möglichkeit, eigene Positionen zu den gemeinsam erlebten Ereignissen zu beziehen, deshalb sollte neben der Improvisation hauptsächlich das vorstrukturierte Spiel weiterentwickelt werden. Dazu gehören natürlich auch gute Textvorlagen für Theaterstücke, deren Inhalte sich mit gesellschaftlicher Wirklichkeit auseinandersetzen. Diese Stücke werden erfahrungsgemäß vor allem von schon theaterinteressierten Jugendlichen gespielt. Durch die vorstrukturierten Gesellschaftsspiele sollen Jugendliche angesprochen werden, die aus dem Bedürfnis nach Unterhaltung heraus sich an einem Gesellschaftsplanspiel beteiligen, statt Kicker zu spielen.

Diese Spiele müssen aus den Unterhaltungs- und Beschäftigungsspielen entwickelt werden und dürfen nicht länger als 3 Stunden dauern, gerade so lange, um auf einem Gruppenabend gespielt werden zu können.

Ein weiterer Anreiz des Gesellschaftsplanspieles läßt sich aus den legitimen Bedürfnissen Jugendlicher ableiten, auf Fahrten, an Wochenenden, oder in anderen Bereichen der Freizeit den Alltagsproblemen den Rücken zu kehren und sich einer anderen Welt, einer Freizeitwelt zuzuwenden. Hier bieten sich Spiele an, die an dem Abenteuerbedürfnis, am Wunsch, jemand anderer zu sein, anknüpfen, aber innerhalb des Spiels die Verbindung zwischen der Wunschrolle und der eigenen Person wieder herstellen. Deshalb muß der Inhalt, liegt er geografisch oder geschichtlich noch so fern, in Bezug zur Realität gesetzt werden. Ebenso muß die Reflexion des Inhaltes möglich sein, ohne den Unterhaltungscharakter des Spieles zu verändern.

Da es Gesellschaftsspiele in dieser Form mit vorbereiteten Materialien im Handel nicht gibt, wird hier die Methode beschrieben, wie Jugendliche oder Sozialpädagogen, Medienpädagogen oder Schulpädagogen solche Spiele entwickeln können. Wir haben zur Herstellung von Ideen und Handlungen die Bauhüttenmethode von Martin Luserke in leicht veränderter Form benutzt und sehr viele Anregungen in der Frage der Beteiligung und Aktivierung von Kindern und Jugendlichen von A. S. Makarenko übernommen.

7. Ein Gesellschaftsplanspiel über 3 Wochen im Schullandheim

Ein Planspiel mit einer 10. Klasse einer Westberliner Gesamtschule. Betriebspraktikum und Gesellschaftsunterricht allein konnten bisher an dieser Schule die Vorbereitung auf die Arbeitswelt nicht leisten, wie aus Äußerungen ehemaliger Schüler zu entnehmen war. Deshalb soll das Thema »Arbeit« zum strukturierenden Moment des Sommerkursprogrammes dieser Jahrgangsstufe gemacht werden.

1. Von der Evangelischen Jugend aus wird in Zusammenarbeit mit den jeweiligen Lehrern aus der Gesamtschule ein Planspiel vorbereitet, das, mehrmals erprobt, sich mit der gesellschaftlichen Wirklichkeit befaßt, wobei die Schüler Rollen in der staatlichen Institution, der Produktion und der Freizeitsphäre arbeitend übernehmen, für diese Tätigkeiten bezahlt werden und das verdiente Geld in diesem System wieder ausgeben.

2. Vorbereitet wird weiterhin ein Konfliktspiel, das einen Konflikt aus der Berufswelt herausgreift und die Schüler über die Methodik der schriftlichen Kommunikation der verschiedenen Rollen zwingt, den Konflikt zu analysieren und Lösungen zu probieren.

3. Ein weiteres Angebot ist die Analyse in der bestehenden Betriebsverfassungsgesetzgebung und der Rechte der Lehrlinge im Betrieb, wobei Erkundungen in Betrieben und Befragungen ehemaliger Schüler einbezogen sind.

4. Im Bereich Form und Farbe ist es möglich, Plakate herzustellen, die z. B. zur Betriebsratswahl oder zur Interessenvertretung der Lehrlinge gemacht werden, wobei Erfahrungen der Jugendorganisationen der Gewerkschaften einbezogen werden.

5. Eine weitere Gruppe soll sich mit der Erarbeitung eines Theaterstückes, eines Filmes oder eines Hörspieles mit der Arbeitssituation befassen, und zwar auf dem Weg über Interviews (Eltern und ehemalige Schüler).

Dieses Spiel sollte gesellschaftliche Wirklichkeit so exemplarisch wie möglich abbilden und Schülern im Alter von 14–18 Jahren Einblicke in das gesellschaftliche Gesamtsystem geben, um Teilbereiche, die sie selbst erfahren haben, richtig einordnen zu können.

Die Spielregeln waren der Wirklichkeit entnommen:

Regel 1 Versuche das Beste aus Deiner Situation zu machen.

Regel 2 Verdiene Geld in der Produktionsphase.

Regel 3 Gib das Geld in der Konsumtionsphase wieder aus.

Regel 4 Prüfe Deine Handlungen immer an Vorbildern aus der Wirklichkeit.

Regel 5 Bei Streitigkeiten oder Unklarheiten wende Dich vertrauensvoll an den »Minister für öffentliche Ordnung«.

Das Spiel ist in drei Hauptfelder strukturiert

A Der Staat und seine Institutionen

Minister für öffentliche Ordnung. Aufgabe: Gesetzgebung, polizeiliche Ordnungsfunktion, Gerichtsgewalt, Steuergesetzgebung, Regierungskoordination (ihm sind die anderen Minister unterstellt). Minister für Finanzen und Arbeit. Steueramt, Arbeitsamt, Bank sind ihm unterstellt. Minister für Staatsrundfunk und Öffentlichkeitsarbeit.

B Die Produktionssphäre

1. Konzernherr des »Flitz Konzerns«
   Dem Flitz Konzern sind folgende Betriebe angegliedert:
   Zigarettenfabrik, Popcornfabrik, Werbeagentur.
2. Der Krause KG sind folgende Betriebe angegliedert:
   Gaststätte, Bar, Sportplatz, Film- und Fernsehstudio.
3. Einzelne und unabhängige Unternehmen: Bäckerei und Druckerei und die Redaktion.

Eine Gewerkschaft ist vom Spiel aus nur durch ein Schild an einem Raum vertreten.

C Die Freizeitsphäre

Die Freizeitangebote sind vor allem durch die Industrieprodukte vorgegeben.

Das kulturelle Angebot wird durch den Staat bestimmt, indem er finanzielle Unterstützung nur den ihm genehmen Aktivitäten zuteil werden läßt.

Zielsetzung des Pädagogen-Teams und der Spiel-Planer

Planspiel über gesellschaftliche Organisation von Schule, Berufsausbildung, Arbeit und Freizeit.

Der Vorteil eines Planspiels liegt darin, daß wir in der Lage sind, mehrere gesellschaftliche Bereiche, deren Funktionen wir in den Diskussionen einzeln schon erkannt haben, nun gleichzeitig nebeneinander und damit auch aufeinander wirken zu sehen.

Die Rollen in diesem Spiel sind an ihren vorgegebenen sozialen und gesellschaftlichen Status gebunden und daher auch in ihren Handlungsmöglichkeiten innerhalb des Spiels begrenzt. Es ist natürlich möglich, durch besondere Qualifikationen innerhalb der einzelnen Bereiche seinen gesellschaftlichen Status zu verändern (Beruf, Bar, Sportverein).

In einem solchen Planspiel können die gesellschaftlichen Zusammenhänge nicht in allen Einzelheiten und in voller Übereinstimmung mit der Wirklichkeit dargestellt werden. Die wesentlichen Gesetze, die das gesellschaftliche Leben bestimmen – Wettbewerb in den Produktionszweigen und in der Freizeit, geprägt durch die vorhandenen und erzeugten Bedürfnisse und das Warenangebot –, können durch ein solches Spiel veranschaulicht werden. Es stellen sich für die Jugendlichen oberflächlich die Bereiche Schule, Ausbildung, Arbeit und andererseits Freizeit, Kultur und Unterhaltung als zwei getrennte Bereiche dar. Ihre Abhängigkeit voneinander soll das Planspiel aufdecken.

Realität und Spielebene

Für die Pädagogen ergeben sich bei einem solchen Planspiel zwei Ebenen der pädagogischen Einwirkungsmöglichkeiten. Alle Pädagogen haben im Planspiel eine Spielrolle. In diesen Rollen können sie das Spiel ebenso lenken und beeinflussen wie die Jugendlichen. Nun besteht die Möglichkeit, von Fall zu Fall ein Problem innerhalb des Spieles, auf der Spielebene, aufzugreifen und weiterzuführen, oder den Konflikt im realen Gespräch zu diskutieren und den Vergleich zur Wirklichkeit zu ziehen, um das Erlebte zu verbalisieren und zu verallgemeinern. Dieser Wechsel der beiden Ebenen schafft eine zusätzliche Spannung, die die Reflexion der Vorgänge mit Jugendlichen möglich macht, die im allgemeinen nicht gerne über Erlebtes und ihre individuellen Empfindungen diskutieren.

1. Tag vormittags

1. Produktionsphase

Die Minister und Betriebsleiterposten sowie die leitenden Beamten der staatlichen Institutionen sind schon festgelegt. Teamer und ältere pädagogische Mitarbeiter haben diese Funktionen übernommen. Die Schüler bekommen einen Sozialisationslauf, auf dem soziale Situation, Schulbildung und Berufsausbildung vorgegeben sind.

Jeder kann sich nun beim Arbeitsamt einen entsprechenden Beruf vermitteln lassen. Es stellt sich heraus, daß nicht jeder einen seiner Ausbildung entsprechenden Beruf bekommen kann.

Aber es gibt in der ersten Phase keine Arbeitslosen. Jeder Arbeiter, Angestellte und Beamte bekommt ein Arbeitsbuch, in das er Arbeitszeit und Art der Tätigkeit eintragen muß. Der Betriebsleiter schreibt zusätzlich eine Beurteilung seiner Arbeit und seiner Person mit hinein. Die Löhne sind so berechnet, daß jeder Arbeiter gerade sein Essen, ein Getränk und eine kulturelle Veranstaltung bezahlen kann. Angestellte und Beamte können sich etwas mehr leisten. Die Betriebsleiter, Minister und Konzernbosse haben wesentlich mehr Geld und können sich einen anderen Lebensstil leisten.

Die Betriebe erteilen sich gegenseitig Aufträge. Die Werbeagentur hat gut zu tun. Die Betriebe, die in der Konsum-Phase tätig werden, bereiten sich darauf vor. Die Redaktion stellt eine Zeitung her. Ein Arbeiter aus der Zigarettenfabrik wird entlassen, weil er in der Arbeitszeit eine Heiratsanzeige aufgeben will. Eine Werbedurchsage im Rundfunk kann nicht mehr umsonst gemacht werden. Es kostet pro Wort 1,50 DM.

Die Löhne werden ausgezahlt.

Männliche Arbeiter	5,00 DM
Arbeiterinnen	4,50 DM
Angestellte und Beamte	6,00 DM
weibliche Angestellte	5,50 DM

Das Finanzamt führt Bücher für die Aufzeichnung des Geldverkehrs ein. Jeder Betrieb hat eine genaue Buchführung zu machen.

1. Tag nachmittags

1. Freizeitphase

Die Gaststätte verkauft das Mittagessen zu 3,50 DM. Ein Bier kostet 2,00 DM. Ein Pfannkuchen kostet 2,50 DM, Eintritt zur Filmveranstaltung kostet 4,00 DM, 1 Päckchen Zigaretten (5 Stück) kostet 2,00 DM. Die Zigaretten werden aber sehr bald auf 3,00 DM erhöht.

In der Gaststätte treffen sich einige Arbeiter und Angestellte und diskutieren über die Situation. Man kann sich zu wenig für das verdiente Geld kaufen. Daran entzündet sich eine Diskussion über die Gewerkschaft. Warum haben wir keinen Raum? Der Minister für öffentliche Ordnung bittet einen Arbeiter zu sich, der aber nicht offiziell delegiert ist, und verlangt 75,00 DM Miete für den Raum der Gewerkschaft.

In der Versammlung der Arbeiter und Angestellten kommt es zu keinen Beschlüssen. Auf die Anregung eines Teamers, sich einen organisatorischen Rahmen zu geben, wird nur geantwortet: »Wieso, es sind doch alle Arbeiter hier, das reicht doch.« Weil aber diese Angst vor der Organisierung nicht überwunden werden konnte, bleiben die gewerkschaftlichen Initiativen ohne konkrete Ergebnisse. Die Versammlung löst sich langsam auf.

Rundfunkdurchsage: »Der Minister für öffentliche Ordnung gibt einen finanziellen Zuschuß für die Filmveranstaltung, pro Platz 2,00 DM, so daß der Eintritt nur noch für jede Person 2,00 DM beträgt. Zu dieser Filmveranstaltung kommen vor allem nur Leitende Angestellte und die Konzernbosse. Die Arbeiter, die der Film inhaltlich besonders trifft, sitzen in der Bar. Auf die Frage eines Reporters, warum sie sich nicht den Film ansehen sagen sie. »Hier in der Bar kann man sich besonders gut unterhalten.«

Die »Tägliche Rundschau« bringt als Schlagzeile: Minister setzt sich für Arbeiter ein. Der Minister für öffentliche Ordnung setzt mit Krause und Flitz KG in Verhandlungen 1,00 DM Lohnerhöhung pauschal durch. Dazu wird auch noch ein Leserbrief veröffentlicht, der vom Konzernboß Krause stammt, aber anonym in der Redaktion eingegangen war.

Gleichzeitig wird eine Steuerabgabe von 1,00 DM erhoben, so daß die Arbeiter und Angestellten keinen Pfennig mehr verdienen, davon steht in der Zeitung aber nichts drin.

Die Zeitung wird sehr schlecht verkauft, obwohl Fotos und moderne Grafiken abgedruckt sind. Die Redaktion beschließt, in die nächste Ausgabe einen Sexteil mit aufzunehmen und mehr Annoncen und Werbung zu bringen.

Der Flitz-Konzern veröffentlicht eine Bilanz und gibt damit zu verstehen, daß die Zigarettenfabrik mit Verlust arbeitet. Deshalb mußten die Zigaretten um 1,00 DM erhöht werden. Die Bevölkerung gibt sich damit zufrieden. Der Flitz-Konzern hat aber eine manipulierte Bilanz veröffentlicht. Die Waren, die noch nicht verkauft waren, aber auch als Werte vorhanden sind, wurden nicht mit aufgeführt. Das war ein Gewinn, der soviel betrug wie die gesamte Lohnauszahlung, 39,00 DM.

Flitz-Konzern kauft die Bäckerei auf. Der Bäcker setzt sich in die Schweiz ab.

2. Tag vormittags

1. Produktionsphase

Einige Arbeiter werden entlassen und sind auf Arbeitssuche. Die Druckerei stellt noch einen zusätzlichen Arbeiter ein.

Die Werbung für zwei Sportvereine wird von der Krause KG in Gang gesetzt. Es werden Flugzettel gedruckt. In einer Arbeitspause will ein Arbeiter der Druckerei einen gewerkschaftlichen Flugzettel drucken, er wird sofort entlassen. Eine entsprechende Beurteilung kommt in sein Arbeitsbuch. Der Rundfunk sendet Interviews mit zufriedenen Arbeitern und mit den Konzernbossen.

Der Minister für öffentliche Ordnung stellt einen Polizisten ein, gleichzeitig läßt er bekanntgeben, daß er eine Spende von 100,00 DM für die Sporthalle gibt.

Die neue Zeitung wird gedruckt, sie besteht aus $3/5$ Sport, $1/5$ Sex und $1/5$ aktuellen kommunalen Nachrichten.

Die Druckerei wird vom Flitz-Konzern aufgekauft, weil sie unrentabel gearbeitet hat. Einige Arbeiter und Angestellte arbeiten in der Produktionsphase und in der Konsumtionsphase.

2. Tag nachmittags

2. Freizeitphase

Die Sportvereine gründen sich. Wacker 04 und Blau Weiß. Man kann für weniger Geld Tischtennis spielen und bekommt eine Anstecknadel, wenn man Mitglied ist. Die Zeitung wird sehr schnell verkauft, obwohl die Auflage diesmal höher ist. Die Werbeabteilung versucht, abstrakte Bilder zu verkaufen, es besteht aber keine Nachfrage. Die Sexzeitung kommt besser an.

Die Mitarbeiter der »Täglichen Rundschau« stellen fest, daß sie von den beiden Großkonzernen indirekt abhängig sind, weil ihre Haupteinnahmen, von denen ja ihr Lohn finanziert wird, durch die Werbung für die Konzerne gemacht werden, und die Konzerne deshalb einen Einfluß auf den Inhalt der Zeitung haben. Deshalb dürfen Artikel, die im Interesse der Arbeiter sind, nicht gebracht werden.

Es wird wieder ein Flugblatt gegen die Konzernbosse und ihre Macht verteilt. Aber es ergibt sich nichts daraus, weil die Kontrastangebote zu groß sind. Die Sportvereine beabsichtigen, eine Tischtennismeisterschaft durchzuführen. Die Sportvereine werden von dem Betriebsleiter des Krause-Konzerns organisiert.

3. Tag vormittags

1. Produktionsphase

Die Betriebe produzieren alle für die Sportveranstaltungen, Plakate, Mitgliedsausweise; die Gaststätte und die Bar ziehen in die Sporthalle um. Die Bosse stiften Geld für die ersten Preise, 50,00 DM für jeden Sieger.

Die Bosse haben gegenüber den Arbeitern wesentlich mehr Geld verdient und das bei relativ kurzer Arbeitszeit. Krause-KG z. B. 550,00 DM und Flitz-Konzern 650,00 DM.

Die nächste Ausgabe der »Täglichen Rundschau« wird ein noch härteres Sexblatt. Man will mehr Zeitungen verkaufen und einen besseren Umsatz machen, damit man nicht auch von den großen Konzernen aufgekauft wird. Nach einigen Anträgen bekommt die Zeitung einen finanziellen Zuschuß vom Minister für öffentliche Ordnung.

Der Flitz-Konzern kündigt Kurzarbeit an, weil die Arbeiter vorher Akkordlohn gefordert hatten und deshalb sehr viele Zigaretten hergestellt hatten. Jetzt mußten diese Zigaretten erst abgesetzt werden.

Einige Arbeiter und Angestellte sind entlassen, es gibt keine neue Arbeit mehr für sie, aber sie wollen auch nicht arbeiten, denn sie haben während der letzten Phase gearbeitet und genug Geld verdient, um bis zur nächsten K-Phase (Konsumtions-Phase) leben zu können. Sie sitzen im Fernsehstudio und sehen sich das laufende Programm an. Der Minister für öffentliche Ordnung beschließt, daß das Fernsehstudio in der K-Phase geschlossen bleibt.

Die Arbeiter sind sauer. Einige sind so aggressiv, vor allem diejenigen, die die Gewerkschaft gründen wollten und sich nicht durchsetzen konnten. Es sind drei Arbeiter, die aus dieser Situation heraus den Plan schmieden, etwas gegen den Staat zu unternehmen. Nur können sie über die staatlichen Stellen nichts erreichen, das haben sie tausendfach zu spüren bekommen, deshalb beschließen sie einen Banküberfall.

Sie weihen den Bankangestellten in ihren Plan ein, der macht mit. Er öffnet das Fenster der Bank und verläßt den Raum. Die Bankräuber dringen mit einer Leiter durch das Fenster in die Bank und rauben das gesamte Geld.

3. Tag nachmittags

2. Konsumtionsphase

Der Banküberfall wird entdeckt. Die Bosse und die Minister setzen sich sofort zusammen und beschließen, neues Geld drucken zu lassen. Außerdem setzen sie eine hohe Summe als Belohnung für die Ergreifung der Täter aus.

Es gibt sehr bald heiße Spuren, und die Täter können ermittelt werden. Mit dem neu gedruckten Geld wird die Tischtennismeisterschaft eröffnet, die zu einem großartigen Absatzmarkt für die Konzernbosse wird.

Auch für den Staat sind die Meisterschaften eine wichtige Veranstaltung, da das Interesse der Bevölkerung ganz auf diese Aktivitäten gelenkt ist, und die staatlichen Fehlplanungen nicht ins Blickfeld kommen.

Ebenfalls besteht auch kein größeres Interesse mehr, sich in Gewerkschaft oder anderen Interessenverbänden zu organisieren, da man ja schon Mitglied des Sportvereins ist.

Die Auswertung dieses Spiels wurde mittels eines Fragebogens gemacht. In den Auswertungsgruppen kamen schwerpunktmäßig folgende Auswertungsergebnisse zustande.

1. Das Spiel entsprach der Realität in den wichtigsten Punkten.
2. Eine gewerkschaftliche Organisation kam nicht zustande, weil das Kontrastangebot zu stark war. Konsumangebote, Sportaktivitäten, Arbeit.
3. Wenn es tatsächlich zu einer gewerkschaftlichen Organisation gekommen wäre, hätte man die Gewerkschaften unterteilen müssen in Arbeiter-Gewerkschaft, Angestellten-Gewerkschaft und Beamten-Gewerkschaft.

   Damit wäre die Gewerkschaft aber nicht mehr schlagkräftig als Interessenorganisation aller Arbeiter und Angestellten gewesen.
4. Die Geldakkumulation, also das Erzeugen von Unternehmer-Gewinn, war in der Relation zu den Investitionen zu gering, weil zu wenig Arbeiter und Angestellte in zu kurzer Zeit eingestellt wurden und zuviel unproduktive Arbeiter mitspielten.

   Aber trotzdem profitierten die Konzernbosse, trotzdem hatten sie zusammen am Ende des Spiels 2 000,00 DM und die Arbeiter und Angestellten nichts, oder 5 bis 10 DM für das nächste Essen.
5. In einer Gesellschaft, die kapitalistisch-marktwirtschaftlich produziert, sind alle anderen Bereiche wie Kultur, Bildung, Ausbildung, Freizeit, Gesundheit von den ökonomischen Erfordernissen der Wirtschaft abhängig.

   Um dieser Macht des Kapitals, welches sich zum Monopolkapital formiert, eine Macht entgegensetzen zu können, müssen sich alle Arbeiter und Angestellten zusammenschließen in Gewerkschaft-Partei, um in gesellschaftlichen Fragen mitbestimmen zu können.

8. Das »Bauernkrieg-Spiel«

Warum ein Zeltlager zu einem großen Rollenspiel machen?
»Ist ein Zeltlager nicht zur Erholung da? Im Urlaub auch noch arbeiten. Im Urlaub will man abschalten, sich zerstreuen. Ferien vom Ich. Im Urlaub will ich an nichts denken.«
Was liegt hier für eine Vorstellung zugrunde, was für ein Verständnis von Erholung hat man, wenn man fliehen will vom Alltag, an nichts denken will, ein anderer sein möchte?
Von diesem Verständnis der Erholung geht auch die Werbung der großen Reiseunternehmen aus: Jugendferiendörfer werden angeboten, mit der »jungen Liebe« und der »Traumreise« werben sie für ihre Programme. Je günstiger die Transportmöglichkeiten sind, desto besser wird das Angebot zur Ablenkung von den eigenen Problemen werden.
Die herrschende Bildungs- und Unterhaltungskonzeption läßt auch solchen Ansätzen freien Lauf, denn in der Freizeit hat sich der Mensch dem süßen Nichtstun hinzugeben, haben die Menschen sich zu zerstreuen und Kurzweil zu treiben. Hinter dieser Konzeption steht der Gedanke, daß der Mensch sich nicht erholt, wenn er denkt, daß er nur in einer geistigen Leere seine Kräfte zurückgewinnen kann und sich intellektuell nicht zu erholen braucht.
Wir wissen, daß sich ein höheres Bildungsniveau positiv auf die Weiterentwicklung aller gesellschaftlichen Bereiche auswirkt, also auch in der fachlichen Qualifikation im Beruf: Betriebsökonomen fordern von den Mitarbeitern eines Betriebes kreatives Denken.
Wovor haben die Freizeitplaner Angst, warum wird in der Freizeit- und Erholungsplanung die geistig-kreative Entwicklung des Menschen ausgespart?
Sicher können wir nicht von kommerziellen Urlaubsunternehmen erwarten, daß sie Programme aufnehmen, die sie Geld kosten aber keine Profite einbringen. Deshalb haben der Staat und die demokratischen Organisationen die Aufgabe, solche Konzepte zu erstellen und Wirtschafts- und Kultursubventionen nach inhaltlichen Gesichtspunkten zu verteilen.
Zur Förderung eines kulturellen Ferienprogrammes gehören bauliche, personelle und finanzielle Voraussetzungen, und dies scheint in einer Zeit, in der der Abbau von Sozialleistungen in allen Bereichen spürbar ist, eine utopische Forderung zu sein.
Es ist aber trotzdem notwendig, das Programm einer kulturellen Ferienerholung zu entwickeln, um langfristig daraus soziale Forderun-

gen abzuleiten und kurzfristig Freiräume für Ansätze mit solchen Programmen zu nutzen.

Aus den bisherigen Erfahrungen mit verschiedenen Zeltlagerkonzeptionen für Kinder und Jugendliche müssen nun konkret pädagogische Konsequenzen gezogen werden. Die Zeltlager Ende der sechziger und Anfang der siebziger Jahre waren geprägt von einer enormen Experimentierfreudigkeit, ausgelöst durch die Diskussion um die antiautoritäre Erziehung, die entwicklungspsychologischen Ansätze und Wilhelm Reichs »Sexualität und Herrschaft«.

Verschiedene Zeltlagermodelle wurden erprobt, viele Initiativen verliefen ohne Ergebnisse, die Pädagogen scheuten sich, inhaltliche Vorgaben zu machen, man versuchte, den Teilnehmern einen Freiraum zu schaffen, in dem sie ihre »natürlichen« Bedürfnisse entwickeln sollten. Es entstand ein Leistungsdruck, Barrieren zu überwinden, die durch jahrelange Sozialisationseinwirkungen aufgebaut worden waren.

Diese Ansprüche der Zeltlager-Pädagogik waren zu hoch geschraubt, und es fehlten die methodischen Erfahrungen.

Viele Kleingruppen setzten sich zusammen und formulierten Fragen, aber da die Pädagogen keine vorbereiteten Programme zur Hand hatten und eine Pädagogik aus dem »hohlen Bauch« praktizierten, blieben die Fragen unbeantwortet und die Initiativen im leeren Raum hängen. In Ermangelung einer Gesamtkonzeption wurden nebensächliche Aufgaben in den Vordergrund gestellt, und der zehnte Schritt vor dem ersten getan.

Welche Möglichkeiten der pädagogischen Arbeit sind bei einem Zeltlagerprojekt gegeben?

1. Die Möglichkeit, im engen Zusammenleben zu kollektiven Lebensformen zu finden, Verantwortung für den anderen zu entwickeln, soziale Verantwortung deutlich zu machen, solidarisches Verhalten zu entwickeln, Fachautoritäten anzuerkennen, Autoritäten zu hinterfragen, Mitbestimmungsmodelle zu entwickeln.

2. Individualistisches Verhalten aufzudecken und hin zur individuellen Persönlichkeitsentwicklung zu führen. Starres dogmatisches Denken zu widerlegen und schöpferisches Denken zu entwickeln, konventionelle Verhaltensnormen deutlich zu machen, schöpferisches Handeln in verschiedenen künstlerischen Aktivitäten zu erproben.

3. Bezüge zu den Alltagserfahrungen herstellen, Angst vor Autoritäten, Organisationen und Institutionen überwinden, demokrati-

sches Verständnis entwickeln, Einblick in Sozialstrukturen und Machtverhältnisse vermitteln.

I. Zur Funktion des Rollenspiels im Zeltlager

Ein Zeltlager bietet die Möglichkeit für Kinder, Jugendliche und Erwachsene, intensiv für eine längere Zeit miteinander in Kontakt zu kommen und gegenseitig voneinander zu lernen.

Nur sind meistens die Interessen der Beteiligten voneinander so verschieden oder ihnen überhaupt nicht bewußt, daß Aktivitäten nach zufällig gebildeten Gruppen entstehen, oder einzelne sich aus Bequemlichkeit anschließen, weil sie selber keine Ideen haben.

Das Spiel kann nun verschiedene Funktionen haben.

1. Es ist nötig, daß sich alle Beteiligten auf eine gemeinsame Zielsetzung einigen (Thema, Struktur, Planung, Ablauf, Ziel).
   Damit entsteht eine wichtige Voraussetzung für verschiedenste Bewertungskriterien der Aktivitäten. Es kann eine Gruppe kritisiert werden, weil sie gegen Absprachen verstößt, es kann aber auch ein produktiver Wettbewerb entstehen, wenn eine Gruppe eine besondere Leistung vollbracht hat.

2. Arbeitsgruppen mit Aktivitäten für verschiedenste Fähigkeiten und Bedürfnisse.
   Unter der Gesamtzielsetzung müssen sich verschiedenste Arbeitsgruppen bilden können, damit auf die unterschiedliche Altersstruktur und Bedürfnislage eingegangen werden kann. Jedes Kind, jeder Jugendliche und Erwachsene sollte die Möglichkeit bekommen, seine Interessen und Fähigkeiten mit in die Arbeitsgruppe einzubringen. So entsteht ein funktionaler, natürlicher Kontakt untereinander, denn über die Fachkenntnisse und über die Bedürfnisartikulation des anderen kann, unabhängig von Altersgrenzen und anderen scheinbar trennenden Unterschieden, mittelbar kommuniziert werden.

3. Einbeziehung der Pädagogen.
   Da der Pädagoge durch seine Verpflichtung, während eines Zeltlagers mit Institutionen verhandeln zu müssen, die rechtliche Verantwortung zu tragen und Erfolge vorweisen zu müssen, sich meistens als Außenstehender betrachtet, der Anregungen und Impulse gibt, aber im allgemeinen den Ablauf von außen steuert, besteht die Möglichkeit, im Spiel diese Verantwortung zeitweilig abzulegen und auf der Spielebene Kontakte aufzubauen, die aus

einer gleichberechtigten Haltung entstehen, ohne durch ein vordergründiges pädagogisches Anliegen behindert zu werden.

Mit diesen Vorüberlegungen beziehen wir uns auf die pädagogische Methode des sowjetischen Pädagogen und Schriftstellers A. S. Makarenko. Seine Erfahrungen leitet er zwar von einer langjährigen Arbeit in verschiedenen Erziehungskolonien ab, sie sind jedoch von allgemein pädagogischer Bedeutung und unter der Berücksichtigung anderer Verhältnisse und gesellschaftlicher Bedingungen auch auf unsere Arbeitsbereiche zu übertragen.

Zur Frage der gemeinsamen Zielsetzung einer pädagogischen Unternehmung schreibt er in seinem Aufsatz »Methodik der Organisierung des Erziehungsprozesses« im Kapitel »Perspektiven«: »Ein wirklicher Antrieb im menschlichen Leben ist die Freude auf den morgigen Tag. In der pädagogischen Technik ist die Freude auf den morgigen Tag einer der wichtigsten Gegenstände der Arbeit. Zuerst muß die Freude selbst organisiert werden; sie muß ins Leben gerufen, als eine Realität geschaffen werden. Sodann müssen die einfachsten Formen der Freude beharrlich in komplizierte und menschlich bedeutungsvollere umgewandelt werden. Hier verläuft eine interessante Linie: von der einfachsten, primitivsten Befriedigung bis zum höchsten Pflichtbewußtsein.

Das Wichtigste, was wir am Menschen zu schätzen gewöhnt sind, sind Kraft und Schönheit. Sowohl das eine wie das andere wird beim Menschen ausschließlich durch sein Verhalten zur Perspektive bestimmt. Ein Mensch, der sich in seinem Verhalten nach der allernächsten Perspektive richtet, ist der schwächste Mensch. Wenn er sich nur mit der eigenen, wenn auch fernen Perspektive begnügt, dann kann er wohl stark erscheinen, erweckt bei uns jedoch nicht den Eindruck von Schönheit und wirklichem Wert seiner Persönlichkeit. Je größer das Kollektiv ist, dessen Perspektiven für den Menschen zu persönlichen Perspektiven werden, desto schöner erscheint der Mensch, und desto höher steht er.

Die nahe Perspektive

Bei der Schaffung der nahen Perspektive muß man selbstverständlich von der individuellen Ebene ausgehen. Das erste Stadium dieser Arbeit ist für jedes geordnete Heim unbedingt notwendig. Ausgestattete Räume und Klassen, warme Zimmer, ausreichendes Essen, saubere Betten, Bewahrung des Kindes vor Willkür und Eigenwilligkeit der Älteren und ein freundlicher und schlichter Umgangston bilden das notwendigste Minimum an Perspektiven, ohne daß man sich eine richtige Erziehungsarbeit nicht vorstellen kann.

Wir müssen jedoch damit rechnen, daß es Kinder gibt, die bereits an naheliegende Perspektiven anderer Art gewöhnt sind: ihre Kraft an schwächeren Kameraden zu erproben, die Mädchen absichtlich grob zu behandeln, gemeine Witze zu erzählen, sich Gegenstände durch Diebstahl anzueignen, zu trinken; das sind ebenfalls Bestrebungen, die auf der Ebene der nahen Perspektiven liegen. Auf solche Kinder wirkt das geordnete Leben eines Kinderheimes in der Regel nicht anziehend genug, um sie ihre gewohnten Neigungen vergessen zu lassen. Daß Karten gespielt, daß getrunken oder daß jemand beleidigt wird, kann auch unter den günstigsten Lebensbedingungen vorkommen.

Deshalb kann es in einem jungen Kollektiv immer den Kampf zwischen alten und neuen Perspektiven geben. Gerade während dieser Periode muß der Heranbildung einer nahen Perspektive die größte Aufmerksamkeit geschenkt werden; Kino, Konzert, Abendveranstaltungen, Arbeitsgemeinschaften, Leseabende, selbstgestaltete Bunte Abende, Spaziergänge und Ausflüge müssen die primitivsten Arten des »angenehmen« Zeitvertreibs verdrängen.

Bereits in den ersten Tagen muß die nahe Perspektive nach einem kollektiven Plan aufgebaut werden. Ein großer Teil der Kinder zeichnet sich durch Aktivitäten, durch ziemlich auffälligen Ehrgeiz, durch das Streben, aus der Menge hervorzutreten, und durch Geltungsbedürfnis aus.

Gerade von diesen dynamischen Seiten des Charakters muß man ausgehen und die Interessen der Kinder auf wertvollere Befriedigung hinlenken.

Die Perspektiven haben eine interessante Besonderheit. Sie ziehen die Aufmerksamkeit des Menschen durch die allgemeine Aussicht auf Erfüllung an. In Wirklichkeit gibt es diese Erfüllung jedoch noch nicht. Wenn man ihr näherkommt, entstehen neue Zukunftspläne, und je anstrengender es ist, die verschiedenen Hindernisse zu überwinden, um so verlockender sind die Pläne.

Die mittlere Perspektive

Die mittlere Perspektive besteht in der Planung eines das ganze Kollektiv angehenden Ereignisses, das erst zu einem späteren Zeitpunkt stattfinden soll. Sie ist unbedingt erforderlich. Selbst ein erwachsener Mensch hat immer eine etwas entferntere Aussicht auf mehr oder weniger angenehme Ereignisse: auf Urlaub, den Aufenthalt in einem Kurort, auf berufliche Förderung usw. Kinder brauchen das noch viel mehr.

Mittlere Perspektiven können sein: Teilnahme an festlichen Demon-

stration und Ereignissen im Leben des Volkes, Revolutionsfeier-
tage, der Jahrestag der Gründung des Kinderheims oder die Ehren-
tage der Persönlichkeit, deren Name das Heim trägt, Beginn und
Abschluß des Schuljahres, Sieg des Heimes in einem Wettbewerb,
die Eröffnung einer neuen Werkstatt, die Erfüllung des Produktions-
planes oder die Sommerferien.

Die weitere Perspektive
Die Erziehung zu einer solchen Perspektive ist eine sehr wichtige
Etappe in der gesamten politischen Erziehung, da sie einen natürlichen und praktischen Übergang zu der umfassenden Perspektive –
der Zukunft unserer ganzen Union – bildet.
Die Zukunft der Union und ihre Vorwärtsentwicklung – das ist die
höchste Stufe bei der Schaffung von Perspektiven; es genügt nicht,
um diese Zukunft nur zu wissen, darüber zu sprechen und zu lesen,
sondern die Vorwärtsentwicklung unseres Landes, seine Arbeit und
seine Erfolge müssen mit dem ganzen Gefühl miterlebt werden. Die
Kinder eines sowjetischen Kinderheimes müssen die Gefahren, die
Freunde und die Feinde ihrer Heimat kennen. Sie sollen sich ihr eigenes Leben nur als einen Teil der Gegenwart und der Zukunft unserer ganzen Gesellschaft vorstellen können.«

Die Gestaltung des Spiels
Die gemeinsame Zielsetzung, die integrierten Arbeitsgruppen und
die miteinbezogenen Pädagogen sind die Voraussetzung für einen
von allen gestalteten Spielprozeß. Hier können sich spielerische
Prozesse entwickeln, in denen verschiedenste Fähigkeiten zum Tragen kommen, es kann sich im Spiel und durch das Spiel Verantwortung des Einzelnen und der Gruppe herausbilden, es besteht eine
gemeinsame Absprache, nach der Argument und Gegenargument
ausgetauscht werden kann, und es können sich gemeinsame Tradi-
tionen herausbilden, die von allen anerkannt und gemeinsam weiterentwickelt werden. Etwa, daß eine Musikgruppe immer zu bestimmten Anlässen spielt, oder daß eine Bewachung eines Raumes
oder eines Spielobjektes eingeführt wird.
Die Gestaltung besteht in der Vorbereitung des Spielthemas, Beschaffung von Materialien zum Werken und Bauen (Holz, Papier,
Stoffe usw.). Weiterhin muß eine grobe Strukturierung des Gesamt-
spieles erfolgen, Gruppen oder Parteien, die gegeneinander oder
miteinander agieren. Es ist sinnvoll – wie bei Geländespielen oder
Gesellschaftsspielen –, Gruppen gegeneinander spielen zu lassen,
nur sollte begründet werden, warum die Gruppen miteinander oder

gegeneinander spielen, oder auch warum eine Gruppe verliert oder gewinnt. Es muß deutlich werden, vor welchem geschichtlichen oder gesellschaftlichen Hintergrund der Inhalt des Spieles verläuft. Diese Bezogenheit des Spieles auf die Realität schafft dem Pädagogen die Möglichkeit, durch das Spiel Lernprozesse in Gang zu set-

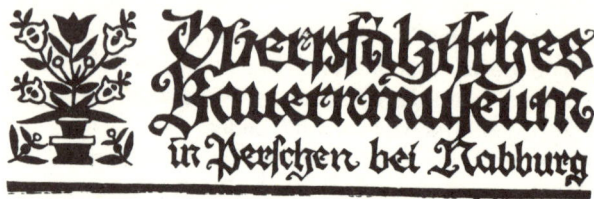

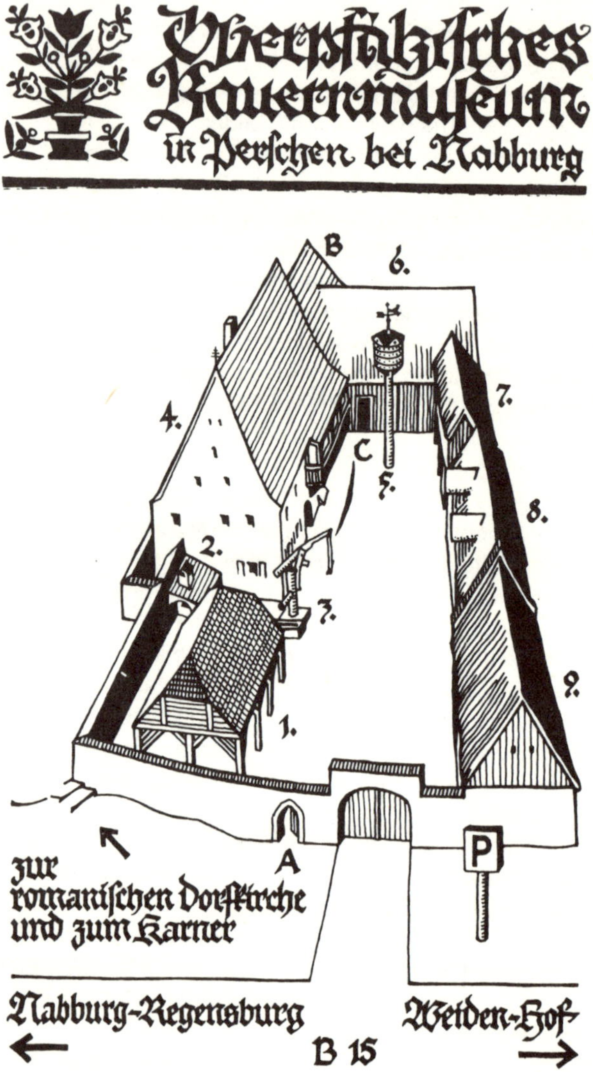
Oberpfälzisches Bauernmuseum
in Perschen bei Nabburg
B
6.
7.
4.
C
5.
8.
2.
3.
9.
1.
A
P
zur romanischen Dorfkirche und zum Karner
Nabburg-Regensburg
Weiden-Hof
B 15

zen, die dem Spiel einen weiteren wichtigen Aspekt zuordnen: der Vergleich zwischen Spiel und Wirklichkeit.

Vergleich zwischen Spiel und Wirklichkeit
In jedem Spiel treten dieselben sozialen Verhaltensweisen auf, die wir als Pädagogen im realen Verhalten der Jugendlichen analysieren und verändern wollen. Wenn nun auf der Spielebene dieses soziale Verhalten analysiert wird und innerhalb einer Geschichte, die vordergründig nichts mit der täglichen Realität zu tun hat, als Problem kritisiert wird, können aus der Distanz heraus, die die Spielebene schafft, Erkenntnisse vermittelt werden, gegen die sich die Jugendlichen bei einer direkten Betroffenheit gesperrt hätten. So besteht für den Pädagogen immer die Möglichkeit, Individual- oder Gruppenprobleme auf der Realitäts- oder der Spielebene anzusprechen, so wie es die Situation erfordert.

II. Erfahrungsbericht

Die Vorbereitungsphase
Eine Gruppe der Zeltlagerpädagogen kannte sich aus einem gruppenpädagogischen Trainings-Urlaub, ein anderer Teil kam aus zwei Westberliner Gemeinden. Aus diesen beiden Gemeinden nahmen auch je ca. 15 Kinder und Jugendliche teil. Einzelne Mitarbeiter kamen noch durch persönliche Kontakte dazu. Unter der Voraussetzung, daß wir auch zur Einigung in pädagogischen Fragen kommen würden, suchten wir zuerst nach einem gemeinsamen Punkt, der die Interessen aller Beteiligten berücksichtigen würde. Dieser gemeinsame Punkt war zuerst das Reizwort »Abenteuerzeltlager«. Die verschiedensten Vorstellungen darüber konnten bald koordiniert werden, denn wir entwickelten Kriterien, nach denen die Gestaltung des Zeltlagers konkretere Formen annehmen konnte.
1. Eine Spielidee sollte entwickelt werden. (Gemeint war ein Spielthema, unter das sich alle Aktivitäten unterordnen sollten).
2. Das Thema sollte möglichst mit der Oberpfalz, in der das Zeltlager stattfand, in Verbindung stehen.
3. Das Spiel sollte sich über alle Bereiche des Zeltlagers erstrecken, ausgespart blieben der Küchenbetrieb, technische Dienste und einige Freizeitphasen, an denen alle teilnehmen, wie Baden, Fußball, Besuch des nächsten Dorfes usw.
4. Mitbestimmung. Die Teilnehmer sollten weitgehend an der Pla-

nung des Zeltlagers und des Spieles beteiligt werden. Teilnahme an den Teamberatungen.

Aus diesen gemeinsamen Kriterien entwickelte sich das große Zeltlagerrollenspiel »Bauernkrieg – oder die schwindende Macht des Schwarzen Ritters«.

Es wurden Geschichtsbücher gelesen, Liederbücher studiert, Kostümkundebücher ausgewertet, Arbeitsgeräte und Musikinstrumente aus dem 16. Jahrhundert auf Abbildungen zusammengetragen. Als eine umfangreiche Materialsammlung vorhanden war, begann die Gestaltung des Themas und des Gesamtablaufes. Auf einem Wochenendseminar wurden verschiedene Geschichten geschrieben, die, nachdem sie vorgetragen waren, zu immer neuen Ideen verarbeitet wurden, bis endlich der Gesamtablauf als Vorschlag auf dem Tisch lag. Gegenstände, Personen, Orte, Geschichten.

Nachdem nun die inhaltliche Seite strukturiert war, begannen die technisch-organisatorischen Vorbereitungen. Es wurden verschiedene Westberliner Firmen angeschrieben und um Materialspenden gebeten. Auf diesen Wegen bekamen wir Lederreste, Markisenstoffe, Metallabfälle, Gardinenstoffe und Buchbindematerial.

Auf einer Vorbereitungsfahrt zum Zeltlagerort Plößberg (zwischen Trischenreuth und Weiden) besorgten wir die Genehmigung vom Förster, Holz aus einem Waldstück abtransportieren zu dürfen, Abfallhölzer von einer Sägemühle, einen Holzschnitzer, der im Zeltlager Werkanregungen geben sollte, weiterhin entdeckten wir ein Bauernmuseum, das während des Zeltlagers von den Jugendlichen unbedingt besichtigt werden sollte und eine Burg, die besichtigt werden konnte und Aufschluß über das Leben der Ritter geben sollte.

Wir stellten fest, daß wir uns sehr intensiv mit der Landschaft, den Menschen, der Umgegend und der Historie beschäftigten. Selbst diejenigen, die schon seit mehreren Jahren hier am Ort Zeltlager durchführten, entdeckten jetzt Dinge, die ihnen vorher nicht aufgefallen waren. Wir waren als Pädagogen genauso engagiert wie die Kinder und Jugendlichen, wenn auch auf einer anderen Ebene, so doch an der gleichen Sache. Auch diese Tatsache bestätigte uns in unserem Vorhaben und ließ unsere Erwartungen an das Zeltlager steigen.

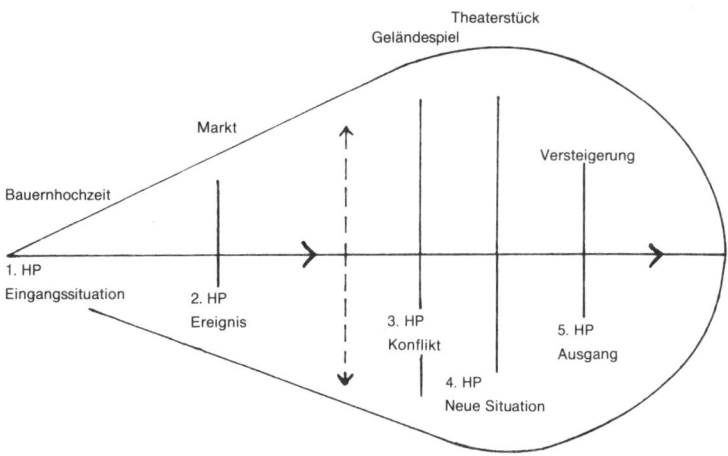

Grobplan der Höhepunkte:
HP=Höhepunkte

Theaterstück

Geländespiel

Markt

Versteigerung

Bauernhochzeit

1. HP
Eingangssituation

2. HP
Ereignis

3. HP
Konflikt

5. HP
Ausgang

4. HP
Neue Situation

Ausführungen: Nebenher laufen Freizeitangebote wie z. B. die Möglichkeit zur Ausübung eines Handwerkes. In jedem der 3 Dörfer werden bestimmte Handwerke angeboten, daher ergibt sich die Kommunikation der Dörfer. Die Entscheidung, wann welcher Höhepunkt stattfindet, trifft das ganze Team.

Materialien zur Geschichte
Geschichte, Wirtschafts- und Gesellschafts-Struktur der Jahre 1500–1530

1. Vorgeschichte. Chronik der revolutionären Krise 1476–1517:

1476:   Erste Bauernverschwörung unter dem »Pfeiferhänslein«. Forderung: Gleichheit aller Menschen und Aufteilung des Besitztums der Herrschenden: Papst, Klerus, Adel, Fürsten, Kaiser. Der Aufstand wird rechtzeitig entdeckt und niedergeschlagen. Pfeiferhansel wird ermordet.

1476–1502: Einzelne, unkoordinierte Aufstände von Bauern und Handwerkern in Hamburg, Köln, Oberrenntal, Regensburg, Rostock, mit den unterschiedlichsten Forderungen wie eigene Regierung, Steuerabschaffung usw. Sie zeichnen die unterschiedlichsten Erfolge. (1488 Grün-

91

dung des Schwäbischen Reichsbundes. Mitglieder: Adel und Fürsten, Bischöfe, Stadtregierungen wie in Esslingen.)

1502: Die Bundschuhverschwörung Nr. 1

Programm: Vernichtung der Landesobrigkeit, Aufteilung der geistlichen Güter, Abschaffung aller Abgaben, Aufhebung der Leibeigenschaft. Die Verschwörung scheitert.

1509: »Tolles Jahr« zu Erfurt durch Zusammenbruch der städtischen Finanzen.

1513–1517: Weitere Bundschuhverschwörungen, an denen sich nun vor allen Dingen plebejische Schichten stark beteiligen. Alle Verschwörungen und Aufstände scheitern durch Verrat.

1514: Der »Arme Konrad« zettelt auch einen Aufstand an, in Württemberg. Er wird im selben Jahr, weil er unter denselben Forderungen wie der Bundschuh steht, niedergemetzelt.

1522: Aufstand des Adels. Forderungen: Demokratisierung des städtischen Lebens. Herausragende Persönlichkeiten unter den Rittern: Franz von Sickingen und Ulrich von Hutten. Die Fehde gegen den Bischof von Trier endet erfolglos und mit dem Tod der beiden Führer.

1525: Der Bauernkrieg.

1523/24: Vorgeschichte des Bauernkrieges.

Thomas Müntzer setzt in Thüringen eine Bürgervertretung durch. Damit beginnen die ersten kleineren Revolten in der Umgebung. Die Bauern organisieren sich im »ewigen Bund Gottes«, dessen Führer Thomas Müntzer wird, danach nehmen die Revolten, z. B. gegen die Fugger, erheblich zu.

1525 brechen überall mehr oder weniger organisierte Aufstände aus. Die Bauern tun sich in drei große, über Süddeutschland verteilte »Haufen« zusammen und bekämpfen die Obrigkeit.

Der Landgraf Philipp von Hessen jedoch vereinigt seine Truppen, andere Herzöge tun desgleichen, und damit ist im August 1525 der Bauernkrieg bis auf einige Ausläufer beendet.

Thomas Müntzer wurde schon im Mai hingerichtet.

Mit den Wiedertäufern (1534) endet das letzte Kapitel

der Bauernaufstände. Die Wiedertäufer, die völlige Glaubensfreiheit forderten, werden niedergemetzelt und die wenigen Überlebenden grausam unterdrückt.

2. Wirtschaft:
Die Wirtschaft bestand hauptsächlich in dem System der Feudalwirtschaft. Einige kleinere Handwerkerzünfte begannen sich gerade zu entwickeln, so z. B. Porzellanmanufakturen und Weber.
Feudalwirtschaft heißt: nur Ackerbau, Abgaben in Form von Naturalien. Allmählich jedoch bildeten sich in den Städten Geldzahlungsmittel heraus, so daß die Abgaben immer mehr in Form einer Geldrente geleistet wurden, auch von den Bauern. Das stärkte die herrschende Klasse, denn für ihre Kriegsfehden brauchte sie viel Geld. In den Städten hatten sich vor allen Dingen die Textilproduktion und der Bergbau niedergelassen, die Entlohnung der Arbeiter fand ebenfalls mit Geld statt. Die Ausbeutung der Bauern nahm damit um ein beträchtliches zu, zumal ja auch »landlose« Bauern in die Städte zogen.
Es bleibt festzuhalten: Das Wirtschaftssystem war ein feudalistisches. Die Produktivkräfte und die Produktionsmittel waren jedoch schon ein Stück weiter. Hieraus ergibt sich eine Bedingung für den Bauernkrieg.

3. Die Gesellschaftsstruktur:
Gesellschaftsstruktur meint den Aufbau der sozialen Schichten und die herrschenden Ideologien.
a) Aufbau der sozialen Schichten:
Oberschicht = Besitzende: Kaiser, Papst, Fürsten, Herzöge.
Mittelschicht = davon profitierende: bis zu einem gewissen Zeitpunkt, nämlich dem Beginn der Bauernkriege, Ritter und andere Adlige. Dann aber, mit der Einführung des Geldes, Bankbesitzer in den Städten und Großgrundbesitzer = wohlhabende Bauern und Bürger (evtl. sogar Handwerker).
Unterschicht: Der Rest, der Abgaben leisten mußte (Bauern, Bürger, Handwerksgesellen, Tagelöhner). Ausgeschlossen von der Gesellschaft: Almosengänger.
b) Die herrschenden Ideologien:
Im wesentlichen waren es drei: Die katholische Lehre und die beiden oppositionellen Lehren: Martin Luther und Thomas Müntzer.
Die katholische Lehre, die von weltlichen und geistlichen Herrschern gleichermaßen angewandt wurde, gipfelt eigentlich in der

Sozialethik der damaligen Zeit: »Arm sein macht selig« ist der herrschende Satz daraus. Damit rechtfertigten die herrschenden Klassen den Unterdrückungsapparat.

Martin Luther wandte sich gegen die Institution Kirche und ihren Unterdrückungsapparat. Insofern mußte er, obwohl er die Bibel allen Teilen des Volkes zugänglich gemacht hatte, den reformatorischen Weg über Verfassungen, Gesetze und Erlasse einschlagen. Seine Anhänger waren Leute aus der Mittelschicht, die sich insgeheim einen Vorteil von dieser »liberaleren« Regelung der Verhältnisse versprachen. Im Bauernkrieg selbst schlug Luther sich auf die Seite der Herrschenden.

Thomas Müntzer hingegen wandte sich gegen die bestehende Gesellschaftsordnung insgesamt, und so versammelten sich um ihn alle plebejischen, also unterdrückten Schichten. Alle diese Kämpfe wurden mit theologischen Argumenten geführt, sie waren aber politische Kämpfe.

Die Kreativitätsphase – Methoden zur Ideenfindung mit Beispielen
Um für das Bauernkriegsspiel gemeinsam Geschichten entwickeln zu können und möglichst viele Ideen mit einbeziehen zu können, verwendeten wir eine Methode zum Geschichtenschreiben und Stückespielen, die dem Bauhüttensystem von Martin Luserke entnommen ist.

Zuerst werden nach vier verschiedenen Kategorien Worte gesucht und für jeden sichtbar aufgeschrieben:

1. Personen
2. Gegenstände
3. Orte
4. Eigenschaften

Jeder sucht sich eine passende Kombination jedes Bereichs aus und beginnt eine Handlung zu entwickeln. Z. B. Person – Schankwirt, Gegenstand – Stoffe, Ort – Marktplatz, Eigenschaft – Rachsucht.

Man kann auch die vier Wörter zufällig zusammenstellen, etwa durch Auslosung oder andere Methoden.

Beispiele der ausgewählten Wortkombinationen:

Wolfgang	*Gabi*	*Günne*	*Birthi*
Dorfgemein-schaft	Schankwirt	Schausteller	Magd
Landser	Hühner	Stoffe	Lebensmittel
Planwagen	Wachturm	dichter dunkler Wald	Schweinestall
Schwachsinn	Kraft	Geldgier	Häßlichkeit

Frank	*Mary*	*Uwe*	*Flori*
Landgraf Albrecht	Landsknechts-heer	Schmied	3 Bauern-töchter
Geschmeide-truhe	Krone	Heilkräuter	Geschmeide
Burghof	Baum	Höhle	Gehöft
Gewinnsucht	Religiöser Wahn	Rachsucht	Ehrgeiz

Simone	*Irene*	*Ulla*	*Ulli*
Klosterbruder Leo	Quacksalber	Kaufleute	Söldnerheer
Kieselsteine	Schießpulver	Weinlieferung	Tabak
Feld	Felsenlabyrinth	Marktplatz	Scheune
Faulheit	Betrug	Zärtlichkeit	Gutmütigkeit

Da die zu entwickelnden Geschichten möglichst nahe an der geschichtlichen Situation bleiben sollten und später zusammengefügt werden sollten, war es wichtig, noch einmal die Problemkreise zu ordnen. So sammelten wir Assoziationen zu den Beziehungen verschiedener Personengruppen und Konfliktfeldern.

Beispiele der ausgewählten Konfliktbereiche:

Ritter – Söldnerheer	Ritter – Kaufleute	Raubritter
Tauschhandel	Geld	Transportüberfälle
Neue Kriegstechnik	Feste	Schänken
Schießpulver	Markttage in den Städten	Salzstraße
Anwerbung	Schausteller	Geld
	Kirchweih	
	Kaufmanns- und Handwerkergilden	Verlust wirtschaftlicher Macht

Adel – Fürsten	Religionsauseinandersetzungen
Frondienste	Ablaß, Klöster, Abteien
Abgaben	Landverteilung
Recht der ersten Nacht	Evangelisch-Katholische Religions-macht
Heiratspolitik der Ritter	Thomas Müntzer
	Buchdruck

Aus den nun zusammengestellten Wortkombinationen und Konflikt-
bereichen wurden zusammenhängende Fabeln entwickelt, die
schon eine konkretere Grundlage für eine später gemeinsame Geschichte bildeten. Eine Vierzeiler-Fabel wird folgendermaßen gebildet: Um jedes Wort bildet man einen Satz der im direkten oder indirekten Zusammenhang zu den anderen Wörtern steht. Am Schluß
dieser vier Zeilen faßt man in einem Satz den gesamten Inhalt noch
einmal zusammen.

Beispiele der Vierzeiler-Fabeln:

1. Beispiel
Am Morgen eines schönen Tages, an dem die Bauern eines kleinen
Dorfes auf ihren Feldern sind, erscheint auf dem Marktpatz uner-
warteterweise der alternde *Klosterbruder Leo.* Er ist beschäftigt, einem Gerücht nachzugehen,in dem es heißt, daß beim Bauern Mit-
tenwald größere Mengen von dem gerade frisch erfundenen
Schießpulver entdeckt wurden. Um dies nachzuprüfen, begibt er
sich heimlich und etwas unsicher in des Bauern *Scheune.* Ihm zit-
tern die Knie, weil er nicht weiß, ob sein Vorgehen berechtigt ist,
aber er weiß, daß sein Glaube ihm hilft und die nötige *Kraft* gibt. Als
er das Versteck erreicht, ist er jedoch sehr enttäuscht, und er
schwört, sich auf kein Gerede der Leute mehr einzulassen.

2. Beispiel
Ein Bauer, dessen Frau schon seit ein paar Jahren verstorben ist,
führte ein sehr unzufriedenes Leben. Der Grund für diese Unzufrie-
denheit sind seine *drei Bauerntöchter,* alle im heiratsfähigen Alter.
Ihr Wunsch nach einem schönen Leben, bestehend aus *Perlen* und
Geschmeide, ist jedoch so stark, daß jeder junge Mann, der um die
Hand einer der drei Töchter anhalten wollte, eilends das väterliche
Gehöft wieder verließ. Der Bauer, der allmählich bei den Nachbarn

zum Gesprächsstoff Nr. 1 wurde, verzweifelte immer mehr. Sein *Ehrgeiz*, seine Töchter unter die Haube zu bekommen, wächst von Tag zu Tag. Also gibt er sein ganzes Geld aus, um ein großes Fest zu veranstalten, um auch die reichen Jünglinge aus der Umgebung einladen zu können. Und richtig, es sollte nicht umsonst sein. Es fanden sich doch noch drei heiratswütige Burschen unter ihnen.

3. Beispiel
Klosterbruder Leo sitzt die meiste Zeit, wie es sich für einen Klosterbruder gehört, im Kloster. So kann man sich wohl vorstellen, daß der Leo sehr unter Langeweile zu leiden hatte. Deshalb will er sich auch ein Hobby zulegen, er will *Kieselsteine* sammeln. Eines Tages nun, die Sonne scheint und die Vöglein singen, begibt sich Klosterbruder Leo mit einem fröhlichen Gebet auf den Lippen auf ein *Feld*, um Steine für seine neue Sammlung zu suchen. Zunächst stößt er die Steine mit dem Fuß zusammen, um sich nicht bücken zu müssen. Schließlich hat er einen ansehnlichen Berg Kieselsteine vor sich liegen. Da er aber eine grenzenlose *Faulheit* besitzt, kann er sich nicht dazu entschließen, die Steine vom Boden aufzulesen, da er sich dann bücken müßte. So verzichtet er auf sein neues Hobby und beschließt, der Langeweile den Vorzug zu geben.

4. Beispiel
Verlottert, arbeits- und brotlos, deshalb trunksüchtig, so lebte einst ein *Schausteller*.
Trübselig hockte er in einer verkommenen Schänke und wartete verzweifelt auf die nächste *Weinlieferung*.
Als diese aber nicht eintraf, da die Weinhändler von Raubrittern überfallen worden waren, setzte sich der arme Schausteller verzweifelt in den *Schweinestall*.
Da saß er nun in Dreck und Gestank, und in seiner Verzweiflung rief er den lieben Gott an, daß er ihm helfe. Da so etwas lange dauern kann, verfiel er darüber in einen *religiösen Wahn*.
Kurze Zeit später sah man Schausteller durchs Land ziehen, die einen Wahnsinnigen als Attraktion vorzeigten, der nur noch unter Schweinen leben wollte und ständig den lieben Gott um Hilfe bat.

5. Beispiel
Am Ortsausgang steht der *Schmied Eisenhard* mit mürrischem Gesicht an der Tür seiner Werkstatt und schaut die Straße entlang. Da kommt ein Fremder mit einem kleinen Wagen, vor den ein Schimmel

gespannt ist, hält vor der Schmiede an und fragt den Schmied, ob er auch Beschläge für Kisten fertige. Als der Schmied bejaht, lädt der Fremde eine große, schwarze Kiste ab und schafft sie in die Schmiede. Der Schmied macht sich an die Arbeit, ein Schloß für diese *Kiste* zu fertigen. Er schafft die Arbeit am gleichen Tag nicht mehr, und in der Nacht wird die Kiste gestohlen. Der Fremde kommt am nächsten Vormittag und ist wahnsinnig wütend. In der Kiste befanden sich *Heilkräuter* vom Feld, die in einer bestimmten Zusammensetzung ein wirksames Mittel gegen die *Häßlichkeit* sind. Der Fremde, der sich als Wissenschaftler aus dem hohen Norden zu erkennen gibt, sollte mit diesem Mittel des Königs furchtbar anzusehendes Töchterlein behandeln, um ihre Heiratschancen zu vergrößern. Wird sie nun je einen Mann bekommen???

6. Beispiel

Quacksalber Eduard hat aus Versehen bei dem Versuch, ein Mittel gegen Hühneraugen zu entwickeln, das *Schießpulver* entdeckt. Mit seiner Erfindung jagt er ein mittleres *Felsenlabyrinth* gerade in dem Augenblick in die Luft, als sein *betrügerischer* Kollege Oskar sich dort von der Entwicklung eines Wanzenvertilgungsmittels erholt. Die umherfliegenden Gesteinsbrocken erschlagen Eduard und Oskar. Zur Erinnerung an die beiden wird noch heute der Eduard-Oskar-Gedenktag begangen.

7. Beispiel

Den griesgrämigen alten *Landgraf Albrecht* plagt schon lange die Sucht nach mehr Ehre, Ansehen und Macht. Er hat es nie geschafft. Durch seine *Geldgier* hat er große Schätze angesammelt, doch sein König ist ihm nicht wohlgesonnen, da er weiß, daß Albrecht seine *Krone* will. Albrecht erfährt, daß der König im Herbst durch die Lande reist. Es gelingt ihm durch Verbindungen und Bestechungen, daß die Kutsche durch den *dichten dunklen Wald* gefahren wird. Einige Getreue aber verhindern, daß dem König die Krone und das Leben genommen wird. Albrecht verliert nur seine Güter und den Titel, nicht aber sein Leben.

8. Beispiel

Am frühen Morgen trifft in Plößberg eine Gruppe feuchtfröhlicher *Kaufleute* ein. Die Einheimischen werden durch das Gegröle vorzeitig wach und sehen verschlafen nach, was da los ist. Als sie merken, was da los ist, sind sie sauer und schimpfen: Immer diese Ausländer, obwohl sie doch sehr auf die Kaufleute gewartet haben, insbesondere der dicke Wirt des Gasthauses, der hofft, daß sie endlich die bestellte *Weinlieferung* mitgebracht haben. Er eilt dienstbeflissen zum *Marktplatz*, wo sich die Gruppe niedergelassen hat. Er muß feststellen, daß die Kaufleute selbst den Wein genossen haben und obendrein versuchen, mit ihm *zärtlich* zu sein, da sie ihn für ein dralles Weib halten. Er kichert verschämt und flüchtet.

9. Beispiel

Die *Magd Marie-Luise* muß für den Abend ein großes Fest vorbereiten. Zum Nachtmahl sollen *Hühner* am Spieß gebraten werden. Als sie gerade mit drei Kisten voll Hühnern über den *Marktplatz* geht, trifft sie den reichen fremden Mann, der im Gasthaus wohnt. Sie weiß, daß er eine Menge Geld in seinem Geldbeutel hat. Da läßt sie in *betrügerischer* Absicht alle Hühner über den Marktplatz rennen und ruft um Hilfe. In dem allgemeinen Durcheinander entwendet sie dem Fremden seinen Geldbeutel.

10. Beispiel

Das hübsche Fräulein Heike, die Tochter des *Landesherren* Jörg von Rosenkranz, trifft sich heimlich mit dem Prinzen Adolar. Ihr Vater ahnt von den heimlichen Treffen des Pärchens, hat sie aber noch nie erwischen können. Alles wird noch schlimmer, als er erfährt, daß der Prinz ein Calvinist ist. Jede Nacht liegt von Rosenkranz wach in seinem Bett und stellt sich die furchtbarsten Sachen vor. Dies entwickelt sich zu einem *religiösen Wahn.* Eines Tages setzt er sich *auf einen Baum* im Wald, bis er die *Krone* des Prinzen sieht und stürzt sich laut schreiend im Namen Gottes auf die beiden Sünder und ermordet sie in seinem religiösen Wahn.

11. Beispiel

In finsterer Nacht bei Eulenschrei und Wolfsgeheul braut der hochgelehrte, beim Grafen wohlangesehene, aber verschlagene, arme *Quacksalber Eduard* ein wohlschmeckend, doch hochgiftig Getränk. Der reiche Graf, der dem Quacksalber für seine Dienste große *Ländereien* versprochen hat, reitet am nächsten Morgen in Saus und Braus wohlauf zur Jagd hinaus. Im *Felsenlabyrinth* gelüstet den Grafen nach einer Erfrischung, und dienstbeflissen reicht sie ihm der Quacksalber. Der Fürst trinkt davon, und nach einigen Monaten erkrankt er und stirbt einige Tage später. Niemand kann sich seine rätselhafte Krankheit erklären. So erbt der Quacksalber ein Großteil der ihm versprochenen Ländereien und kann von nun an seiner *Faulheit* frönen.

12. Beispiel

In einer Schmiede mitten im hohen Tann lebte in Ruhe und Frieden der *Schmied Eisenhard* mit seinem lieblichen Töchterlein Rosamund. Eines Tages erschien der furchtbare und grausame Ritter Ingrimm vom Grauen Stein mit seinen Horden. Er entführt Rosamund und will diese zur Hochzeit zwingen. Die tugendhafte Rosamund läßt sich nicht zwingen, sondern ertränkt sich im Burggraben der Burg zum Grauen Stein. Bald darauf hört Eisenhard, daß Ingrimm schwer erkrankt sei und nur durch Heilkräuter aus dem fernen Indien zu heilen sei. Diese sollen in einer Kiste zur Burg gebracht werden. Eisenhard raubt die Kiste mit den Heilkräutern, dann bestellt er Ingrimm und seine Spießgesellen in die dunkle *Höhle* bei Plösseberg, damit sich Ingrimm die für ihn wichtigen Kräuter abholen kann. Von diesem Tage an ward Ingrimm und seine grausige Schar nie mehr gesehen. Eisenhard aber zog nach Stillung seiner *Rachsucht* in ein fernes Kloster und lebte ein gottgefälliges Leben. Die *Kiste mit den Heilkräutern* aber soll noch heute in der Höhle bei Plösseberg zu finden sein, denn von diesem Tage an wagte sich niemand mehr dort hinein.

13. Beispiel

Auf der Straße von Miesbach nach Waldhütten bewegt sich in glühender Sonnenhitze, verbissen vor sich hinfluchend, eine *Gruppe Kaufleute*. Sie hoffen, in der nächsten Ortschaft für ihre Ware einen gut zahlenden Abnehmer zu finden, denn sie haben 23 Säcke *Tabak*. Während sie noch fluchen, und das Gespräch wegen der Hitze nicht recht in Gang kommen will, hören sie plötzlich ein unheimliches Geräusch hinter sich auf dem *Planwagen*. Zuerst denken sie, es sei der Affe, den sie in Miesbach gekauft haben, oder eine Maus sei in ihren Tabak geraten. Doch dann fällt ihnen ein, das ist der Kaufmann Eduard in einem Anfall von *Schwachsinn*. Da ihnen das unheimliche Gerumpel auf die Nerven geht, beschließen sie, Eduard zur Abkühlung in den nächsten Bach zu werfen.

14. Beispiel

Stiefelgeknarr und Trommelwirbel dröhnten durch die nächtliche Schlucht. Von Weitem schon hörte man das Grölen des besoffenen *Söldnerheeres*. Reiche Beute schleppten sie mit sich, und außer dem Wagen der alten Marketenderin begleitete den Zug ein Wagen mit knusprigen Mädchen und eine Karre mit Branntweinfässern und *Tabak*. Die ausgelassene Horde suchte schon seit Tagen nach einer geeigneten Unterkunft, um die mitgeführten Reichtümer zu genießen. Erst den Tabak, dann die Mädchen, dann den Branntwein und schließlich die Marketenderin. Da kamen sie am Ende der Schlucht zu einer verlassenen *Scheune*. Unter großem Hallo und Trommelgetöse begannen sie ein rauschendes Landsknechtsfest. Alle wollten sie auf einmal an Branntwein und Mädchen. Der Feldwebel brachte mit lauter Stimme Ordnung in den wildgewordenen Haufen. »Immer der Reihe nach!« schrie er, »Einer nach dem anderen!« »Eine nach der anderen meinst du wohl!« rief ein anderer. »Das mach uns mal vor!« Aber der Feldwebel in seiner *Gutmütigkeit* ließ all seinen Leuten den Vortritt. Er zog sich mit der Marketenderin zu den Branntweinfässern zurück. Als die Söldner sich müde getobt hatten, fanden sie ihren Feldwebel und die Alte stockbesoffen, aber innig umschlungen hinter einem Wacholderbusch. Die Mädchen aber waren enttäuscht, denn den schmucken Feldwebel hatten sie schon lange auf dem Kieker. »Morgen machen wir's aber umgekehrt«, sagten sie. »Der alte Drückeberger kommt zuerst dran.«

15. Beispiel
Der *Schankwirt* war auf dem Weg nach Hause, als er am Wegesrand eine *Truhe* mit wertvollem *Geschmeide* fand. Er überlegte, wie er diesen Schatz, ohne Zoll zu zahlen, an dem *Wachtturm* der Stadtgrenze vorbeischmuggeln könnte. Dabei fiel ihm ein, daß an diesem Tage der *gutmütige* Hubert Wache hielt. Den konnte er mit einem guten Schluck des eingekauften Weines übertölpeln. Wie er es sich vorgenommen hatte, führte es der Schankwirt aus und lebte im Wohlstand, aber auch in Angst vor Entdeckung seiner schändlichen Tat.

16. Beispiel
Eines Tages versammelte sich die *Dorfgemeinschaft* vor der Kirche, und beschloß, weil das Gerücht umging, eine ansteckende Krankheit, nämlich der *Schwachsinn,* sei ausgebrochen, auszuwandern. Sie beluden ihre *Planwagen* mit dem Hab und Gut und wollten einige Ländereien entfernt ein neues Dorf gründen. Sie hofften, die Krankheit würde sie dort nicht befallen.

17. Beispiel

Auf der Burg »Treibt herein« hängt *Landgraf Albrecht* in den Seilen. Seine wertvolle *Geschmeidetruhe* ist das Opfer räuberischen Gesindels geworden, als er sie von seinen Söldnern dem Grafen »Hau mich blau« klauen ließ.

In seinem *Burghof* läßt er nun aus purer Gemeinheit zwei Gefangene in der Sonne am Pranger rösten, damit sie ihm sagen, wo denn die Truhe sei. Schließlich, weil seiner unbeschreiblichen *Gewinnsucht* ein Schnippchen geschlagen worden ist und oben beschriebene Methode keinerlei Erfolge zeitigte, stirbt der Graf den Frust-Tod. Moral: Klaue eine Truhe nie, denn Diebe gibt's wie's liebe Vieh.

18. Beispiel

An jedem 1. Sonntag im Monat trifft sich wie immer auf der Wiese hinter dem Bach die *Dorfgemeinschaft.* Sie ist sehr empört, denn wieder einmal sind auf dem Transport zum Dorf ihre *Lebensmittel* und ihr *Vieh* gestohlen worden. Plötzlich schreit einer: »Da oben, die Lebensmittel und unsere Hühner sind *auf dem Baum* festgebunden.« Der Dorfälteste bekommt einen roten Kopf und brüllt: »Das hat unser verfluchtes Nachbardorf gemacht, aus *Rachsucht*!« Die Dorfbewohner binden ihr Eigentum vom Baum ab und beschließen, nachts heimlich einen Pranger in ihr Dorf zu stellen, deren Dorfältesten zu entführen und ihn dort einzusperren.

19. Beispiel

Ein vom langen Weg erschöpfter Bauer findet sich zu einem kühlen Bier beim *Schänkenwirt* ein. Doch die von ihm mitgebrachten *Hühner* können sich aus einem Tuch befreien und flattern aufgeregt in der Schänke umher. Der sehr erboste Schänkenwirt greift sich den Bauern und will ihn in einem *Wachtturm* einsperren. Der Bauer wehrt sich mit *aller Kraft.* Er überredet den Schänkenwirt zu einem Versöhnungstrunk, trinkt ihn unter den Tisch und verläßt mit seinen Hühnern die Schänke.

20. Beispiel

Durch ein großes Tal marschierte ein *Söldnerheer,* das sich unterwegs, weil es keine Waffen mehr hatte, mit *Kieselsteinen* bewaffnete. Schon Tage marschiert, erreichte man ein allein stehendes *Gehöft.* Die Söldner krochen auf allen vieren, von ihren Obersten geführt, in dieses und bitten dessen Besitzer um eine deftige Mahlzeit, dieser gab ihnen nur Wasser und Brot, da ihn der *Ehrgeiz* plagte.

Und wäre dieser ehrgeizige Gutsbesitzer gutmütig und seinem König treu gewesen, und hätte er dem mit Kieselsteinen bewaffneten Söldnerheer eine großzügige Mahlzeit gegeben, hätte dieser später auch sein Gut gegen Raubritter verteidigen können.

21. Beispiel
Es war einmal ein schöner Sommertag, als mal wieder eine Familie mit ihrem ganzen Hab und Gut in die Stadt kam. Sie mußte sich an den Torwachen vorbeischleichen, denn es waren *Schausteller*, die man in den Städten nicht gerne sah. Es waren arme Leute, deren einziger Besitz ihre Kostüme aus teurem *Stoff* waren. Als sie sich zu erkennen gaben und ihre Utensilien auspacken wollten, wurden sie von den Stadtwächtern entdeckt und aus der Stadt getrieben. Nun standen sie wieder vor den Stadtmauern und mußten weiter ziehen. Als es langsam Abend wurde, erreichten sie einen *dichten, dunklen Wald*. Dort wollten sie die Nacht verbringen. Sie bemerkten aber nicht, daß in diesem Wald auch eine Gruppe von Wegelagerern ihr Camp aufgeschlagen und ihre Ankunft bemerkt hatte und sie schon eine ganze Weile beobachtete. Als die Schausteller schon einige Stunden schliefen, wurden sie von den Räubern überfallen, denn sie kannten kein Mitleid, sondern nur *Geldgier, Raub* und Mord.
Und wenn sie nicht gestorben sind, dann rauben und morden sie immer noch.

22. Beispiel
Auf einem Waldweg wandern nach verrichtetem Tagwerk *drei Bauerntöchter*. Sie reden über die Tage zuvor bei Kaufleuten gesehenen wunderschönen *Stoffe*. Da beobachten sie, wie sich eine Gruppe von Kaufleuten ein Nachtlager in einer *Höhle* erstellt. Aus den Gesprächen der Kaufleute kann man erkennen, daß alle nur eins gemeinsam haben, die *Gewinnsucht*. Darin läßt sich erkennen, daß die Einführung des Geldes nur einen Vorteil für die Kaufleute beinhaltet.

23. Beispiel
Auf einem einsamen, abgelegenen Hof wirkt die *Magd Marie Luise*. Auf dem Hof wird alles, was zum Leben benötigt wird, selbst produziert: *Lebensmittel und Vieh*. Das Wirkungsfeld der Magd ist jedoch auf den *Schweinestall* begrenzt, da sie von einer starken *Häßlichkeit* befallen ist. Daher ist auch nicht zu erwarten, daß sich an ihrem Leben sobald etwas ändern wird, falls nicht ein Wunder geschieht.

24. Beispiel

In der Schänke »Zum alten Ochsen« sitzt der *Landesherr* fröhlich zechend bei Wein, Weib und Gesang. Er wartet auf eine Lieferung *Perlen und Geschmeide,* die von Muckelpurtz nach Hinterwälderhof gebracht werden soll, an der Schänke vorbei. Er will sie bis zu seinem *Burghof* begleiten. Er weiß jedoch nicht, daß sich dort die Raubritter vom schwarzen Adolar versammelt haben, die dort mit einigen Frauen bei viel *Zärtlichkeit* sich wartend die Zeit vertreiben. Im Burghof angekommen, gibt es ein grausames Blutbad, weil die Raubritter die Geschmeide und Perlen klauen.

Handlungsablauf für ein Theaterstück (Entwurf)

Arbeitsergebnis der Gruppe »Theaterstück«: Bruder Leo's Schelmenstreiche

Das ganze Stück spielt auf dem Marktplatz einer kleinen mittelalterlichen Stadt.

Unter der Dorflinde schlafen ein paar Landsknechte. Die Marketenderin hat ihren Wagen abgestellt und ist mit einer Näharbeit beschäftigt. Sie hört dabei aufmerksam einigen Leuten zu, die sich vor der Schänke unterhalten. Einer erzählt gerade den neuesten Schwank von Bruder Leo. Alle amüsieren sich darüber.

Da kommt Leo über den Marktplatz. Die Marketenderin grüßt ihn. Leo gibt sich redselig und erkundigt sich, was sie alles in ihrem Wagen hat. Schließlich fragt er, ob sie auch ein Mittel gegen Häßlichkeit habe. Sie verdächtigt ihn sogleich, er habe wohl ein heimliches Verhältnis zu einem hübschen Mädchen. Um diesen Verdacht abzuwehren, erzählt er ihr die Geschichte von dem reichen Bauern und seinem Problem, seine drei heiratsfähigen, aber entsetzlich häßlichen Töchter zu verheiraten. Eduard, ein anderer Klosterbruder, ein Wissenschaftler, arbeite schon seit Jahren in einer versteckten Höhle an einem wirksamen Pulver, aber bisher habe er nur ein Wanzenvertilgungsmittel zustandegebracht. Die Marketenderin verkauft Leo schließlich ein paar Pulver und Kräuter, und Leo macht sich auf den Weg zu Eduard.

Da kommt dieser ins Gespräch mit dem reichen Bauern. Während die Marketenderin den Bauern in ein Gespräch verwickelt, gibt Leo dem Eduard die Pulver und Kräuter und scheucht ihn in seine Höhle. Dem Bauern erzählt er, Eduard habe eine neue Entdeckung gemacht, die aber leider viel Geld koste. Deshalb braucht er einen Vorschuß. Außerdem läßt er sich Geld geben für die Ausrichtung des abendlichen Festes zu Ehren eines reichen Kaufmanns, der an einer der Töchter interessiert ist. Während er mit dem Wirt der Schänke das Fest bespricht, kommt der reiche Kaufmann mit einigen Dienern. Er wird begrüßt und betritt den Gasthof. Der Wirt erzählt Leo seine Sorgen wegen der Weinlieferung, auf die er schon lange wartet. Der Magd Marie-Luise gibt er den Auftrag, sich um den reichen Herrn zu kümmern.

Als dieser den Gasthof verläßt, beginnt er sofort, mit Marie-Luise zu schäkern. Der Schankknecht, der Marie-Luise heiraten will, beobachtet dies und macht ihr eine Eifersuchtsszene. Schließlich stiftet er sie an, dem reichen Kaufmann seine Geldtasche zu entwenden.

Während sich Marie-Luise auf den Weg macht, um die Hühner für das abendliche Fest zu besorgen, werden die Vorbereitungen begonnen. Stühle und Tische werden gebracht, Girlanden aufgehängt, Laternen befestigt.

Die häßlichen Bauerntöchter kommen und streiten sich, wer von ihnen die Ställe ausmisten muß. Da ja nur ein Freier da ist, will keine der drei nach Stall riechen.

Bruder Leo kommt mit dem Bauern, der seine Töchter sucht. Er beschimpft sie und befiehlt ihnen, sofort nach Hause und an ihre Arbeit zu gehen. Sie verschwinden, und während Bruder Leo mit der Marketenderin ein Schwätzchen beginnt, geht der Bauer in den Gasthof, um den reichen Kaufmann zu begrüßen. Da kommt die eine der Töchter zurück, steckt Leo ein Geldstück zu und bittet ihn, ihr zu sagen, wie man sich möglichst anmutig bewegt. Leo macht das vor. Gleichzeitig erzählt er von Eduards neuer Entdeckung, läßt sich noch mehr Geld geben. Dasselbe passiert nacheinander mit den beiden anderen Töchtern.

Als die Töchter wieder weg sind, kommt der Bauer mit dem reichen Kaufmann, um ihm seinen Hof zu zeigen.

Inzwischen kommt Leo mit Eduard und fragt nach dem Stand der Dinge. Eduard berichtet, er habe jetzt ein schweflig riechendes schwarzes Pulver gemixt. Er glaube, es sei ganz wirksam, er müsse nur noch eine Salbe dazumischen. Eduard verzieht sich wieder in seine Höhle.

Eine Schauspieltruppe erscheint auf dem Markt. Schnell bildet sich eine große neugierige Menschenmenge. Auch Marie-Luise mit drei Kisten Hühnern tritt auf, ebenso der Kaufmann, der entsetzt ist von der Häßlichkeit der Bauerntöchter. Kaum hat er die hübsche Magd Marie-Luise entdeckt, stellt er ihr sogleich nach. Marie-Luise geht sofort auf seine Schäkereien ein, aber plötzlich entgleiten ihr wie ungewollt die Käfige, und die Hühner laufen über den Marktplatz. – Da erhebt Marie-Luise ein großes Geschrei, und es entsteht ein allgemeines Durcheinander. So gelingt es Marie-Luise, unbemerkt den Geldbeutel des reichen Kaufmanns zu entwenden. Die Hühner werden wieder eingefangen, und langsam legt sich das Durcheinander. Marie-Luise verschwindet im Gasthof, der reiche Kaufmann folgt ihr sofort, erscheint jedoch kurz unter großem Gezeter und Fluchen. Erst jetzt hat er den Verlust seines Geldbeutels bemerkt. Er wirft zunächst dem Wirt vor, daß seine Herberge eine Räuberhöhle sei, dann beschimpft er in seiner Wut die Schauspieler als fahrendes Pack und Diebesbande. Zum Schluß sind alle Bewohner des Ortes Spitzbuben, und der reiche Kaufmann beschließt, sofort abzufahren.

Der dicke Wirt und Bruder Leo versuchen den Kaufmann zu beschwichtigen und beteuern, den Diebstahl untersuchen zu lassen. Aber der Kaufmann, ohnehin durch die Häßlichkeit der drei Bauernmädchen und den Diebstahl verschreckt, ist durch nichts zu halten und reist sofort mit seinem Gefolge ab.

Der dicke Wirt und Leo bleiben ratlos auf dem Marktplatz zurück. Da erscheint auch schon der reiche Bauer, der von dem Vorfall und der Abreise des Kaufmanns gehört hat. Er ist außer sich vor Wut und macht Leo heftige Vorwürfe, daß nichts, was dieser anfängt, gelingt, jedoch immer viel Geld kostet. Dem Wirt erklärt er, daß das geplante Fest nun natürlich ausfällt. Dem Wirt kommt dies gar nicht so ungelegen, da die Kaufleute, die den teuren Wein bringen sollten, sowieso noch nicht gekommen waren. Der Bauer beschimpft Leo weiter und droht diesem an, alles Geld zurückzuverlangen, das er ihm zwecks Beschaffung eines Bräutigams und einer Schönheitssalbe gegeben hat. Er stellt Leo ein Ultimatum und verläßt fluchend den Marktplatz. Auch Leo verläßt, einen Seufzer gen Himmel richtend, den abendlichen Marktplatz.

Am nächsten Tag, in aller Frühe, erscheinen drei angetrunkene Landsknechte grölend und johlend auf dem Markt und trommeln, Einlaß heischend, gegen die Tür des Gasthofes. Sie wecken den ganzen Ort und müssen Schimpfkanonaden über sich ergehen lassen. Schlaftrunken öffnet der dicke Wirt, in der Hoffnung, die längst erwarteten Kaufleute mit dem teuren Wein seien eingetroffen. Er verneigt sich dienstbeflissen vor den Landsknechten und fragt nach dem Wagen mit dem Wein. Die Landsknechte halten den dicken Wirt jedoch in seinem Nachthemd für ein dralles Weib und nähern sich ihm in zärtlicher Absicht. Dem Wirt ist dies sehr peinlich. Er er-

kennt seinen Fehler und zieht sich verschämt zurück. Belustigt beobachten Leo und die Marketenderin das Geschehen.

Da kommt ihnen die Idee, die drei Landsknechte mit den drei Bau-
erntöchtern zu verheiraten. Ehe es sich die drei versehen, sind sie
von Leo und der Marketenderin, die für ihre Hilfe einen schönen
Batzen Geld verlangt, gegriffen und beschwatzt. Mit Hilfe der
Schausteller werden die drei angetrunkenen Landsknechte in schöne Kostüme gezwängt und dem reichen Bauern und seinen Töchtern als heiratslustige junge Herren vorgestellt. Schnell ist man sich
einig. Leo kassiert wieder einmal ein nicht zu knappes Honorar, da
er ja gleich drei Schwiegersöhne beschafft hat, und verspricht, die
Trauung sogleich gegen entsprechendes Entgelt zu vollziehen.

Während die Hochzeitsgesellschaft auf dem Marktplatz Aufstellung
nimmt, hört man einen Knall und großes Getöse. Eduard erscheint,
von einer Explosion zerlumpt, mit schwarzem Gesicht. Er erklärt
Leo, daß ihm nur ein kleiner Fehler unterlaufen sei, er aber sicher
sei, auf dem richtigen Weg zur Erfindung der Schönheitscreme zu
sein. Er werde sich sofort nach Herrichtung einer neuen Werkstatt
wieder an die Arbeit machen. Alles lacht über Eduard und begibt
sich auf den Weg zur Hochzeit.

III. Der Ablauf des »Bauernkrieg-Spiels«

21 Tage erlebte Geschichte – gespielte Wirklichkeit

1. Tag: Erste Vorbereitungen im Zeltlager
Bevor die Busse mit den Kindern und Jugendlichen ankamen, wurden die ersten Bauvorbereitungen getroffen, Holz zum Bauen, Nägel
und Handwerkszeug besorgt. Das Rathaus der Stadt wurde im Roh-
bau erstellt und mit Stoffen bespannt, so daß eine erste Anregung
durch die vorbereiteten Elemente gegeben wurde.

Den Jugendlichen wurde in den Autobussen schon der geschichtliche Hintergrund der Bauernkriege erzählt und dabei die Konzeption
des Zeltlagers genauer erklärt. Bei der Ankunft konnten sich alle
entscheiden, in welchem der drei Unterlager man wohnen wollte,
Dorf, Stadt oder Burg. Beim Abendessen wurde noch einmal der
Zeitplan und der Tagesablauf vorgestellt und einige Möglichkeiten
der verschiedensten Aktivitäten genannt: Werkstätten für Leder,
Holz, Stoffe, Porzellanmalerei, Metall. Vormittags sollen Dorfver-

sammlungen stattfinden, auf denen der Tagesablauf des jeweiligen Dorfes besprochen wird.

2. Tag: *Schaffen, Raffen, Häuser bauen*

Schon am zweiten Tag beginnt eine rege Bautätigkeit. Ein Burgturm wird gebaut, im Dorf beginnen die Jugendlichen, vor ihre Zelte fachwerkartige Vorbauten zu konstruieren, in der Stadt wird das Rathaus weitergebaut, und eine Dorfschänke entsteht. Von der Materialausgabe werden Stoffe für Wimpel und Kostüme geholt.
Die Teamer bilden eine Vorbereitungsgruppe für das Geländespiel.

3. Tag: *Dorfältester, Bürgermeister und Burgherr*

Auf den Dorfversammlungen wird beraten, wie man sich eine Leitung geben kann. Alle diskutieren, wie die Gruppen ihre Vertreter, die sie in das Leitungsteam schicken, nennen wollen. Hierbei werden nun auch die älteren Jugendlichen bewußt mit einbezogen. Sie übernehmen die Leitungsaufgaben, damit sie ihre natürliche, altersbedingte Autorität mit ins Spiel einbringen können. Im Dorf wird der Dorfälteste gewählt, in der Stadt der Bürgermeister, in der Burg der Burgherr. Weiterhin wird in der Burg ein Burgvogt gewählt und vier Ritter, denen einige Knappen zugeordnet werden.

4. Tag: *Ritter überfallen Bauern*

Der Bau geht verstärkt weiter. Eine Burgmauer wird gebaut, so daß Städter und Bauern nicht mehr unkontrolliert über das Burggelände gehen können. Hierbei entstehen die ersten Konflikte unter den Gruppen, die schon mit dem Inhalt unseres Spieles in Verbindung stehen. Warum dürfen die Bauern und Städter nicht einfach in die Burg kommen? Warum haben die Ritter besondere Rechte?
Im Dorf entsteht ein Gemeindezentrum, in der Stadt wird die Schänke fertiggestellt. Abends finden in der Schänke und im Gemeindezentrum Einweihungsfeste statt, zu denen die Ritter nicht eingeladen werden, wodurch bei den Rittern eine aggressive Stimmung entsteht, aus der heraus vereinzelte, wahllose Überfälle gemacht werden.

5. Tag: *Handwerk hat goldenen Boden*

Auf den Dorfversammlungen werden die Überfälle besprochen und wieder die Verbindung zur geschichtlichen Situation gezogen: Die Bauern überlegen, wie sie sich gegen die Ritter besser schützen können, die Städter werden die Ritter in Zukunft in die Schänke las-

Umfrage: Was findet ihr am Zelt-lager Plößberg gut oder schlecht?

Thomas Wallenthin: Das Essen und die Freiheit im Lager sind gut.

Michael Drechsler: Das Lager ist im allgemeinen gut.

Birgit Arndt: Das Essen ist sehr gut.

Karin Gutschmidt findet alle Teamer bis auf 2 gut.

Andrea Einck: Schade, daß es hier kein warmes Wasser gibt.

Zelt 4 findet Ungeziefer mies und die meisten Jungs und Teamer gut.

Sascha Kramer: Ich finde die Feten gut.

Klaus Scharfe: Essen ist gut. Die Teamer sind okay.

Frank Lehmann: Außer den Türken ist alles gut.

Rainer Becker findet das Essen prima und das Ungeziefer mies.

---

2 Flöhe kommen aus dem Kind. Sagt der eine:
"Laufen wir oder nehmen wir 'nen Hund?"

---

sen, die Ritter beschließen, nur noch geplante Überfälle zu machen. In den Werkstätten entstehen sehr gute Arbeiten, Lederschmuck, bemalte Teller und Tassen, die ersten Kostüme sind zu bewundern. Auch in der Burg wird beschlossen, daß sich jeder ein Kostüm zulegt. Das Dorf plant eine große Bauernhochzeit, zu der auch die Städter und die Ritter eingeladen werden sollen.

6. Tag: Das Leben in Dorf, Stadt und Burg nimmt Gestalt an

In der Burg übernehmen die Ritter mit ihren Knappen besondere Aufgaben: Rittersaal einrichten, Burgmauer weiter bauen, Wachdienst einteilen. Die Bauern beginnen mit der Gestaltung der Bauernhochzeit. In der Stadt entwickelt sich besonders die Arbeit in den Werkstätten. Abends ziehen die ältesten Jugendlichen aus der Burg in die nahe gelegene Burg Falkenberg und lassen sich im Weinkeller bei einer Weinprobe die Geschichte der Burg von der Gräfin erzählen. Um Mitternacht besichtigen sie das Burgmuseum und das Burgverlies. Es besteht ein großes Interesse, alle Gebrauchsgegenstände der damaligen Zeit im Original zu besichtigen.

7. Tag: Bauern spielen Theater

Großes Interesse ziehen die Vorbereitungen der Bauernhochzeit auf sich. Vereinzelt hört man neu gedichtete Lieder, an einem geheimen Ort proben die Bauern an einem Theaterstück. Die Städter und die Ritter werden zur Hochzeit eingeladen.

8. Tag: Letzte Vorbereitungen für die Bauernhochzeit

Die Burgmauer wird gestrichen, der Dorfplatz wird geschmückt. Die Städter sieht man an ihren Festgewändern schneidern, und in der Burg wird an dem Hochzeitsgeschenk für die Brautleute gebastelt. Da die Ritter gehört haben, daß die Lieder der Bauern sich gegen sie richten, studieren sie ein Lied ein, das sich gegen die Bauern richtet. »Wir treiben die Bauern all zu Hauf, so wie ihre Schweine, und hängen sie zum Trocknen auf, wie Wäsche auf die Leine.« Abends gibt es einen Überfall auf die Burg, die Fahne wird geraubt.

9. Tag: Die Bauernhochzeit

Auf dem geschmückten Dorfplatz versammeln sich Bauern, Städter und Ritter. Die Ritter durften erst ins Dorf kommen, als sie ihre Waffen (Holzschwerter) abgelegt hatten. Die Bauernkomödie »Der mißglückte Brautkauf« fand den ungeteilten Beifall der Städter und Ritter. Als dann jedoch die Musikgruppe »Fred Ohrenkneifer und die Grufits« auftrat und unverschämte Lieder gegen die Ritter sang, gab es eine handfeste Auseinandersetzung. Zur Beruhigung wurde dann das Festessen serviert. Danach konnte dann die feierliche Trauung beginnen, zu der eigens der Einsiedlermönch Leo angereist war, um das kirchliche Zeremoniell durchzuführen.

10. Tag: Vorbereitung für den Markt

Es sind sehr schöne Waren von den Städtern hergestellt worden, aber nur wenige wollen sich von ihnen trennen, so daß jetzt weitere Ketten, Lederschmuck, Tassen und Teller hergestellt werden müssen, die auf dem Markt verkauft werden können.

In der Burg wird ein Turnier geplant. Da aber an diesem Tag erstmals die Sonne scheint, fällt das Turnier aus, und alle gehen in die nahegelegene Badeanstalt. Abends wird im Burghof ein Lagerfeuer angezündet und Würstchen am Spieß gebraten.

11. Tag: Markttag

Obwohl an diesem Tag wieder die Sonne scheint, geht das Spiel weiter. Die Ritter und Knappen bekommen ihren ersten Sold. Die Knappen 50 Falkentaler, die Ritter 100 Falkentaler. Da die Ritter den Wachdienst für den Markt übernehmen müssen, wird eine Exerzierstunde eingelegt. Die Gruppen üben das Gehen in verschiedenen Formationen.

Die Bauern und Städter müssen sich Lizenzen für den Verkauf ihrer Waren in der Burg besorgen. Als der Markt dann schließlich eröffnet wird, beginnt ein reges Handeln und Treiben. Die erstandenen Waren werden in vielen Fällen mit einem Preisaufschlag weiterverkauft.

Die Bauern sind besonders geschickt darin und haben am Abend den größten Gewinn gemacht.

12. Tag: Vorbereitung des Geländespiels
Da die Rohstoffe für die Fertigung der Waren ausgegangen sind, müssen neue Rohstoffe besorgt werden. Vor allem das Leder hatte

das besondere Interesse der Handwerker und der Käufer erregt. Deshalb spielt das Leder eine besondere Rolle in dem großen historischen Geländespiel.

Das Gelände wird von den Teamern ausgesucht, es werden Übernachtungsplätze für die einzelnen Gruppen erkundet. Ein Verpflegungsplan für die umherziehenden Gruppen wird erstellt, und die inhaltliche Vorbereitung läuft auf vollen Touren. Die Burg gibt eine Zeitung heraus. Der »Falkentaler Kurier«.

13. Tag: Der Überfall auf den Ledertransport

Die Ritter haben Informationen bekommen, daß die Kaufleute aus der Stadt wertvolle Waren in Empfang nehmen werden. Sie ziehen morgens los, um eine günstige Gelegenheit für einen Überfall zu erkunden. Anschließend ziehen die Kaufleute mit einem Wagen los. Um 15 Uhr erreicht die Städter die Nachricht, daß ihre Kaufleute von den Rittern überfallen worden sind und das gesamte Leder gestohlen worden ist. Der schwarze Ritter, der sich für die Sache der Bauern und Städter einsetzt, ruft sie zu sich, um zusammen mit ihnen gegen die Raubritter vorzugehen. Aber die Bauern und Städter erreichen vor Einbruch der Dunkelheit die Burg des Schwarzen Ritters nicht, sie müssen im Wald übernachten.

14. Tag: Die Schlacht am Höllplatz

Am frühen Morgen trifft der fahrende Sänger im Lager der Ritter ein und bringt ihnen eine Botschaft des Schwarzen Ritters, worin er sie aufruft, zu den Bauern und Städtern überzulaufen und die Beute freiwillig herauszugeben. Aber keiner der Ritter ist dazu bereit. Sprüche wie »Die Bauern und Städter sollen schon ihre Krankenscheine rauslegen« und »Bauernpack ham wir satt« sind ihre Antwort.

Der Schwarze Ritter trifft morgens im Lager der Bauern und Städter ein, und gemeinsam machen sie einen Plan für den Überfall auf dem Höllplatz. Als mittags der wilde Haufen der Raubritter den Höllplatz passiert, gibt es für sie keine Chance mehr, die Städter und Bauern sind in der Überzahl, sie ergeben sich kampflos. Alle setzen sich zu einer ersten gemeinsamen Beratung an den Wegrand, und es werden Vorschläge gesammelt, zu welchen Bedingungen Bauern, Städter und Ritter einen Frieden schließen können. Der erarbeitete Vorschlag wird später in einer gemeinsamen Beratung im Rathaus festgelegt.

15. Tag: *Die Friedensverhandlungen*

Städter, Bauern und Ritter schicken gewählte Vertreter zu den Verhandlungen. Ergebnis:

1. Dorf, Stadt und Burg bekommen eine Regierung. 2. Die Burg wird zu einem Museum hergerichtet. Alle Gegenstände und Dokumente von der großen Schlacht am Höllplatz werden dort ausgestellt. 3. Zur Museumseröffnung findet ein großes Friedensfest statt. Am Abend hatte der Koch eine große Festtafel hergerichtet, nach den Anstrengungen der letzten Tage fand ein kultiviertes Essen an der reich dekorierten Tafel mit kalten Platten und Salaten statt.

16. Tag: *Museumseinweihung*

Der Rittersaal wird als Museum hergerichtet: die Gewänder der wichtigsten Personen, das Schwert des Schwarzen Ritters, Lederreste, Verkaufslizenzen usw. sind ausgestellt und ergänzt mit Schildern, die den Besucher über den geschichtlichen Zusammenhang informieren.

Eine Diskothek und ein Getränkeverkaufsstand wird eingerichtet, das Lagerfeuer wird vorbereitet, so daß abends eine spannende Friedensfete in der neu ausgestalteten Burg stattfinden konnte.

17. Tag: *Theaterstücke zum Thema:* »*Der Untergang des Ritter-*
tums«

Aus der Stadt, dem Dorf und der Burg finden sich Interessierte zusammen, um die erlebte Geschichte noch einmal in einem Theaterstück auferstehen zu lassen. 2 Stücke werden entwickelt. »Ritter
Greifenklaus Ausschweifungen« und »Greifenklau im Dienste des
Kaufmanns«.

»Ritter Greifenklaus Ausschweifungen«

In der ersten Szene sieht man den Bauer Stanglhuber mit seiner Familie bei der Feldarbeit. Die Familie unterhält sich über die hohen
Abgaben, die sie dem Ritter überlassen müssen. Gustl Stanglhuber,
der Sohn, muß die Feldarbeit verlassen, um seinen Frondienst beim
Ritter anzutreten. Auch mit seiner Tochter Traudl hat Stanglhuber
Ärger, sie möchte den Schmied Eisenhard heiraten, aber der Vater
hat andere Heiratspläne mit ihr.

Als sich alle in der verdienten Pause ausruhen wollen, kommt der
Ritter mit seinen Schergen und verlangt vom Bauern seinen Zehn-
ten. Der Bauer hat eine schlechte Ernte gehabt und kann nicht zahlen. In seiner Not gibt er aber, zur Freude Traudls, bekannt, daß
Traudl den Schmied Eisenhard heiraten werde, und er dann seine
Schulden bezahlen kann. Der Ritter willigt ein und bestellt Traudl
mit ihrem Bräutigam zu sich in die Burg, dort wird er prüfen, ob diese Heirat nach seinem Willen ist.

In der Burg feiert der Ritter mit seinen Leuten eines seiner üblichen
Feste, beim großen Freß- und Saufgelage singen sie Lieder wie
»Bauer lebt wie Schwein dahin, hat für Anstand keinen Sinn«.

Zu dieser »vornehmen« Feier ist auch ein reicher Kaufmann eingeladen, hat seine Waren mitgebracht und nutzt die Gelegenheit, sie
der Festgesellschaft anzupreisen. Ritter Greifenklau ist beim Kaufmann ziemlich verschuldet und kann seine Schulden nicht zurückzahlen, er kann den Verlockungen des reichhaltigen Angebotes jedoch nicht widerstehen und kauft Stoffe und Zierrat.

Traudl Stanglhuber erscheint mit ihrem Schmied Eisenhard, und die
Festgesellschaft wird an einer kleinen Fragestunde beteiligt.

Der Ritter erkundigt sich nach den Sicherheiten der beiden Familien
der Brautleute, prüft die wirtschaftlichen Verhältnisse und erfragt
die weiteren Pläne der beiden.

Anschließend verteilt sich die ganze Gesellschaft zu einer intimeren
Weiterführung der Feier auf die Säle und Gemächer, der Schmied
wird weggeschickt, und der Ritter befaßt sich ausführlicher mit

Traudl. Ihm steht das Recht der ersten Nacht zu, deshalb führt er sie in die Geheimnisse der Liebe ein.

»Ritter Greifenklau im Dienste des Kaufmanns«
Der Ritter ist eines Tages so verschuldet, daß er den wütenden Kaufmann nicht mehr beruhigen kann. Ihn rettet nur noch eine reiche Heirat, zu der ihm der Kaufmann rät.

Schmusi, die Tochter des Müllers, ist zwar nicht standesgemäß für ihn, jedoch recht hübsch und eben reich.

Der eilig herbeigerufene Klosterbruder Leo bereitet die Trauungszeremonie vor, die Müllerstochter kann ihr Glück noch gar nicht fassen.

Klosterbruder Leo erfährt bei den hektischen Trauungsvorbereitungen, daß Schmusi gar nicht die richtige Tochter des Müllers ist, sondern ein Pflegekind und deshalb auch nicht erbberechtigt.

Jedoch der pfiffige Klosterbruder verrät dem Ritter dieses Geheimnis erst in einem feierlichen Nachwort, nachdem die Trauung vollzogen ist und lobt seinen Gesinnungswandel und seine soziale Geste, daß er dem armen Waisenkind nun ein besseres Leben bescheren will.

Der Ritter kann mit äußerster Mühe sein Entsetzen verbergen, verläßt in hastiger Eile mit seiner Braut den Schauplatz, um dem hämischen Gelächter der Hochzeitsgesellschaft zu entgehen.

Auch der Kaufmann erfährt voller Zorn von diesem Mißgeschick, aber er denkt sich schon eine neue Geschichte für den Ritter aus, damit er möglichst schnell an sein Geld gelangen kann.

Er macht dem Ritter ein letztes Angebot. Die Burg soll zu einem Museum umgebaut werden, der Ritter wird darin zur Hauptattraktion, er soll bei der täglichen Burgführung den Burgbesuchern sein Leben vorspielen. Der Ritter ist über diesen Vorschlag empört, er ist verzweifelt, aber es bleibt ihm letztlich keine andere Wahl. So sieht man ihn im letzten Bild, wie er versucht, seine Ausschweifungen im Vorgespielten zu kaschieren, aber er wird von seinen ehemaligen Bediensteten und vom Publikum gezwungen, realistisch zu spielen.

18. Tag: Das neue Theater
Da die Schenke in der Stadt in den letzten Tagen nicht mehr benutzt wurde, wird sie zu einem Freilichttheater umgebaut.

Auch in den Werkstätten haben die Handwerker wieder ihre Tätigkeit aufgenommen. Für den nächsten Markttag entstehen neue Artikel.

19. Tag: Die Besichtigung der Originalschauplätze
An diesem Tag ist der Zeltlagerplatz wie ausgestorben. Mit zwei Autobussen fahren alle Teilnehmer zur Burg Falkenberg, zum Bauernmuseum in Perchen und zur Burg Flossenburg, um sich an Ort und Stelle über die Situation und historischen Gegebenheiten unserer Spielvorlage zu informieren. Vor allem im Bauernmuseum gibt es viel Material und Anschauungsobjekte, die auf großes Interesse der Jugendlichen stoßen; Arbeitsgeräte, die in den Ställen und der Scheune eines alten Bauernhauses ausgestellt sind, ja das ganze Bauernhaus ist wieder so eingerichtet worden, wie es im Mittelalter aussah. So wird für viele ein konkreter Zusammenhang zwischen dem im Spiel Erlebten und der tatsächlichen Geschichte dieser Gegend deutlich.

20. Tag: Die Aufführung im neuen Theater
Da viele neue Waren in den Werkstätten hergestellt wurden, findet wieder ein Markt statt. Jeder verkauft und kauft, um möglichst noch viele Andenken und Geschenke mit nach Hause nehmen zu können. Aber es stellt sich heraus, daß nur noch wenige soviel Geld haben, daß sie nach ihren Wünschen einkaufen können. Vor allem die Kaufleute haben viel Geld und gleichzeitig noch Waren, die sie verkaufen können. Das wird auch in den beiden Theaterstücken, die am Abend im neuen Theater aufgeführt werden, deutlich. Der Raubritter ist bei dem Kaufmann derart verschuldet, daß er schließlich seine Schulden bei ihm abarbeiten muß.

21. Tag: Der letzte Tag
Am letzten Tag müssen alle Bauten abgerissen werden, und das Holz wird auf einem großen Lagerfeuer verbrannt.
Die Kostüme, die Requisiten des Spieles und die nicht verkauften Waren werden auf einer Versteigerung angeboten. Es besteht von allen Teilnehmern ein großes Interesse, Souvenirs zu ersteigern und mit nach Hause nehmen zu können, aber auch hier schlägt das Spiel in die Realität um, denn nur die reichen Kaufleute haben noch genug Geld, um sich die schönsten Sachen zu ersteigern. Sie stehen da mit Geldpaketen in den Händen und steigern die Preise so hoch, daß ein ehemaliger Knappe oder Bauer in die Röhre gucken muß.

IV. Lieder aus dem »Bauernkrieg-Spiel«

1. Was tun die Bauern vor des Tages Arbeit
   was tun die Bauern vor des Tages Arbeit
   was tun die Bauern vor des Tages Arbeit
   wenn die Hähne krähen
   he ho raus aus dem Schlafsack
   he ho raus aus dem Schlafsack
   he ho raus aus dem Schlafsack
   wenn die Hähne krähen
2. Was tun die Bauern bei des Tages Arbeit
   . . .
   . . .
   wenn die Kühe brüllen
   stripp-strapp und voll der Eimer
   . . .
   . . .
   wenn die Kühe brüllen
3. Was tun die Bauern nach des Tages Arbeit
   . . .
   . . .
   wenn die Grillen zirpen
   he ho und hoch der Maßkrug
   . . .
   . . .
   wenn die Grillen zirpen.

(nach der Melodie: What shall we do with the drunken sailor?)

1. Wieviele Bauern sind heut' noch nicht frei
   und würden so gerne es sein
   wieviele Felder gehören der Burg
   dem mächtigen Burgherrn allein
   Die Antwort, mein Freund, weiß ganz allein der Wind.
   Die Antwort weiß ganz allein der Wind.
2. Wieviele Ritter schlugen uns schon
   und hauten die Dörfer entzwei
   wieviele Ernten vernichteten sie
   es war ihnen ganz einerlei
   die Antwort, mein Freund . . .
3. Wieviele Jahre soll das noch so sein
   das Plündern, das Rauben, die Fron

wann werden die Bauern sich endlich befrein
und stürzen den Burgherrn vom Thron
Nur wenn wir zusammen gegen ihn ziehn,
nur wenn wir zusa-hammen ziehn.

(nach der Melodie: Blowin' in the wind)

1. Der Morgen ist sehr kalt
   Die Ritter kommen bald
   und wollen ham die Steuer
   die Steuer ist sehr teuer
   die Bauern sind sehr arm – Alarm!
2. Das macht doch keinen Spaß
   wir haben niemals was
   wir ackern und wir bauern
   für die, die uns belauern
   bald wird uns das zu bunt – so'n Schwund!
3. Das ist des Bauern Fron
   Wir kriegen keinen Lohn
   wir ernten und wir säen
   auf unserm kleinen Lehen
   von dem nichts unser ist – so'n Mist!
4. Wir ham die Nase voll
   ihr treibt es uns zu toll
   na wartet nur ihr Ritter
   für euch wird's noch mal bitter
   um uns kommt ihr nicht rum – klatsch-bum!
5. Doch noch sind wir zu schwach
   und schreien weh und ach
   kommt alle angelaufen
   und stoßt zu unserm Haufen
   dann sind wir bald befreit – 's wird Zeit!

(nach der Melodie: Der Baggerführer Willibald)

Oh, armer Ritter blanco
   Wenn wir alle
   Feste feiern
   so mit Bier und Weib und Brot
   stehst du da, du
   armer Ritter
   und du wünschtest manchmal, du wärst tot.
   Oh, armer Ritter blanco

wo sind die Säcke voll Geld
oh, armer Ritter blanco
heute gehört uns die Welt.
Früher nahmst du
was wir hatten
und so manches Leben auch
und du klautest
unsre Früchte
und du schlugst dir selber voll den Bauch.
Oh, armer Ritter blanco . . .
Ja, so geht es
allen Herren
die uns mit Gewalt regiern
ja, die werden
dann am Ende
gegen uns ganz fürchterlich verliern.
Oh, armer Ritter blanco . . .
Vielleicht denkst du
armer Ritter
wenn du dich so klein jetzt fühlst
mal an uns
wenn du jetzt nicht mehr
in den Gold- und Perlenbergen wühlst.
Oh, armer Ritter blanco . . .
Wenn du dann mal
nachgedacht hast
und du merkst wie's heute tickt
ja dann hast du
armer Ritter
für uns neu das Licht der Welt erblickt.
Oh, armer Ritter blanco . . .
(nach der Schlagermelodie: O paloma blanca)

V. Lernen im Spiel

Um noch einmal auf die drei Stufen der »Perspektiven« von A. S.
Makarenko zurückzukommen: ich glaube, es ist eine Hilfe, wenn
man unsere pädagogischen Bemühungen einmal in diese drei Phasen einteilt.

Die nahe Perspektive:

Alle Werkstätten, die ein konkretes Freizeitangebot für die Kinder lieferten, fallen in diese Phase, die Bademöglichkeiten am nahe gelegenen See und zwei besonders gestaltete Festessen unseres Koches sind wichtig zu erwähnen. Das abendliche Vorlesen in den Zelten, wenn die Kinder im Bett lagen, war ein Angebot, das die Funktion der nahen Perspektive erfüllte. Die Besuche in der Burg und im Bauernmuseum, abendliche Feten und das selbst hergerichtete Essen am Feuer hatten in diesem Sinne wichtige Funktionen.

Die mittlere Perspektive:

Hier erfüllen die drei gestalteten Höhepunkte des Spieles die Kriterien Makarenkos. An der Bauernhochzeit, dem Markt und dem Geländespiel waren alle Teilnehmer aktiv beteiligt, und es wurde von allen eine gewisse Zeitlang auf diese Höhepunkte hingearbeitet.

Die weitere Perspektive:

Da wir uns bei der Gestaltung des Spieles und auch bei der Durchführung bemühten, uns möglichst mit dem Spielablauf und den konkreten Erfahrungen an der historischen geschichtlichen Vergangenheit zu orientieren, und diese Vergangenheit an heutigen gesellschaftlichen Verhältnissen zu überprüfen, ist zumindest ansatzweise auch der gesellschaftliche Aspekt deutlich geworden und in der pädagogischen Vermittlung als ständiges Element vorhanden gewesen.

Ein wichtiges Moment in diesem Spiel war die Tatsache, daß von allen ein gewisser Abstand zur Spielebene hergestellt werden konnte, da von Beginn des Zeltlagers an der Ausgang der Handlung allen bekannt war. Auch durch das abendliche Vorlesen der Geschichten aus Geschichtsbüchern und Abenteuerbüchern mit Geschichten aus den Bauernkriegen konnte das Spiel und die Realität aus einer gewissen Distanz heraus von den Teilnehmern bewertet werden, die deutlich werden ließ, daß Geschichte gemacht wird und nicht einen schicksalhaften Verlauf nimmt. Dieser Aspekt ist für die Technik der Gesellschaftsspiele wichtig, damit auch eigenes Verhalten, innerhalb und außerhalb des Spieles, korrigiert werden kann.

9. Das »Sanierungsspiel« – ein Gesellschaftsspiel für 7–21 Personen

(Dauer ca. 3 Stunden)

Personen und ihre Rollen

1. *Leitungsteam*
   1 Spielleiter
   1 Leiter der Bank
   1 Leiter des Arbeitsamtes
   1 Leiter des Freizeitzentrums (falls möglich, 2 Leiter)
2. *Spieler*
   1 Angestellter der Wohnungsbaugesellschaft (Höchstbeteiligung 2 Personen)
   2 Mieter Adalbertstraße (Höchstbeteiligung 7 Personen)
   2 Mieter Wrangelstraße (Höchstbeteiligung 7 Personen)

Das Sanierungsspiel ist das Ergebnis einer Arbeitsgruppe, die sich auf einem Fortbildungsseminar für pädagogische Mitarbeiter der Jugendarbeit mit der Entwicklung neuer Gesellschaftsspiele beschäftigt hat. Ziel dieser Arbeit sollte ein Spiel sein, das mit einer Gruppe zu spielen ist und bestehende Gesellschaftsstrukturen nicht kritiklos verherrlicht, wie das bei anderen Tischspielen der Fall ist, (»Öl für uns alle«, das »Börsenspiel«, »Der große Boss« usw.), sondern Einblick in gesellschaftliche Strukturen gibt, Abhängigkeiten aufdeckt und den Spielern die Ursachen aufzeigt und Begründungen liefert, warum eine Gruppe verliert oder gewinnt.

Der Glücksfaktor ist bei diesem Spiel also ausgeschlossen, und die verschiedenen Gruppen sind für das Spiel so ausgesucht, daß sich eine spielerische Auseinandersetzung ergeben muß und verschiedene soziale Rollen eingenommen werden müssen.

Der Ablauf des Spieles

Über einen Raum (es sollte ein größerer Raum sein, ca. 100 qm) sind acht Häuser verteilt, mit entsprechenden Sitzgelegenheiten für die Mieter versehen, und die Umrisse sind mit Tesakrepp-Streifen abgeklebt. Ein Freizeitzentrum ist eingerichtet und mit verschiedenen Angeboten für Freizeitaktivitäten ausgestattet, eine Bank, ein Büro

122

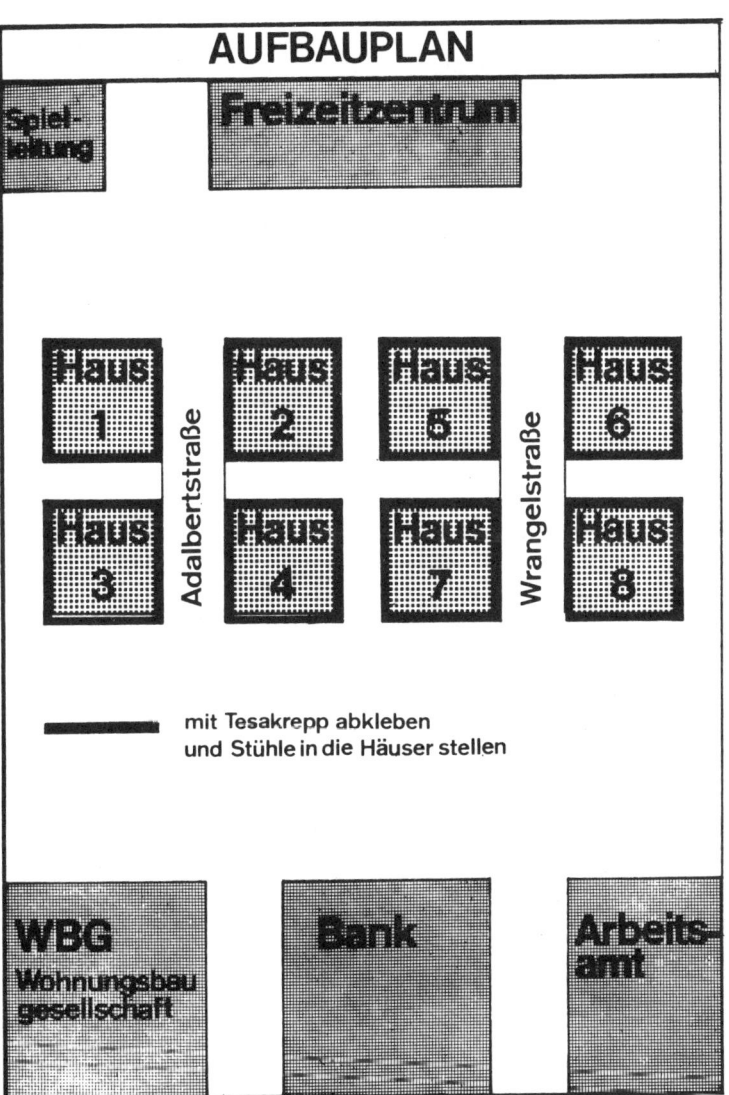

AUFBAUPLAN

Spiel-
leitung

Freizeitzentrum

Haus 1 | Haus 2 | Haus 5 | Haus 6

Adalbertstraße

Wrangelstraße

Haus 3 | Haus 4 | Haus 7 | Haus 8

mit Tesakrepp abkleben
und Stühle in die Häuser stellen

WBG
Wohnungsbau
gesellschaft

Bank

Arbeits-
amt

einer Wohnungsbaugesellschaft und ein Arbeitsamt sind vorbereitet. Siehe Aufbauplan.
Die Mieter sind in zwei Gruppen aufgeteilt, Mieter Adalbertstraße
und Mieter Wrangelstraße. Beide Mietergruppen bekommen unabhängig voneinander Handlungsanweisungen und kleine Karten vom

Spielleiter, werden so in das Spiel eingeführt und erleben wie auf einem Postenlauf, welche Schwierigkeiten entstehen, wenn eine Wohnungsbaugesellschaft über das Geld und die Macht verfügt, Häuser abzureißen und zu bauen, wie es ihr gefällt. Anfangs stehen die Häuser gleichmäßig über den ganzen Raum verteilt, am Schluß des Spieles stehen die neu gebauten Häuser am Stadtrand. Im Stadtzentrum stehen große geräumige Verwaltungsgebäude der Bank und der Wohnungsbaugesellschaft. Es gibt aber auch die Möglichkeit, innerhalb des Spieles den Verlauf zu beeinflussen und einen für die Mieter positiven Schluß zu erreichen. In diesem Fall werden die neuen zentral gelegenen Bauten als kommunale Einrichtungen genutzt, als Freizeitzentrum oder Kulturhaus. Die Abrißprämie, die die Wohnungsbaugesellschaft für den Abriß der alten Häuser bekommen hat, muß als Kulturfonds den Mietern zur Verfügung gestellt werden.

Dieses Spiel soll ein Modell sein, das dazu anregt, weitere neue Gesellschaftsspiele mit demokratischen Inhalten zu entwickeln.

Allgemeine Spielanleitung

nur für den Spielleiter und das Leitungsteam

Das Spiel ist für 3 Gruppen gedacht:

> Mieter Wrangelstraße
> Mieter Adalbertstraße
> Wohnungsbaugesellschaft (WBG)

Die Gruppen bekommen Handlungsanweisungen, auf denen der Ablauf des Spiels für einzelne Spielabschnitte beschrieben ist. Diese Anweisungen müssen von den Gruppen ausgeführt werden.

Eine Alternativentscheidung ist nur bei Handlungsanweisung 15 möglich. An dieser Stelle wird der Spielablauf durch die unterschiedlichen Entscheidungen jedes Spielers beeinflußt. Sind $2/3$ der Mieter auf der Mieterversammlung anwesend, so nimmt das Spiel einen für die Mieter positiven Verlauf; sind weniger als $2/3$ anwesend, so nimmt es einen negativen Verlauf. Entsprechend gibt der Spielleiter die Handlungsanweisung 16 p (positiv) oder 16 n (negativ) aus. Diese Möglichkeiten sollten die Mieter nicht kennen, da sonst die Entscheidung im Spiel beeinflußt würde.

Der Spielleiter hat während des Spiels jederzeit die Möglichkeit, den Verlauf zu überprüfen, da er mit Hilfe der Handlungsanweisungen den Spielstand überprüfen kann.

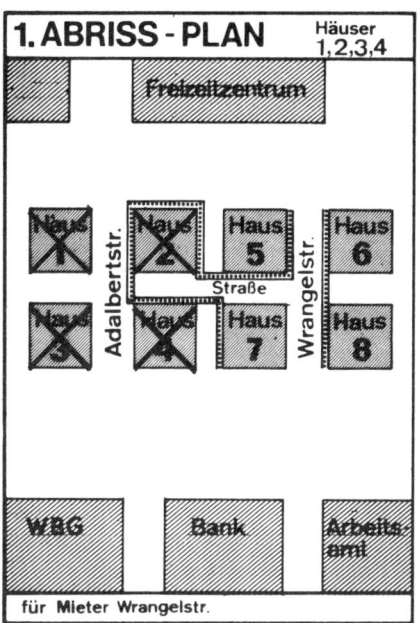

1. ABRISS - PLAN Häuser 1,2,3,4

Freizeitzentrum

Haus 1 — Haus 2 — Haus 5 — Haus 6
Adalbertstr. — Straße — Wrangelstr.
Haus 3 — Haus 4 — Haus 7 — Haus 8

WBG — Bank — Arbeitsamt

für Mieter Wrangelstr.

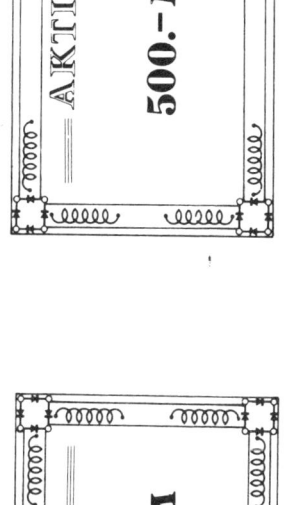

AKTIE 500.- M

AKTIE 50000.- M

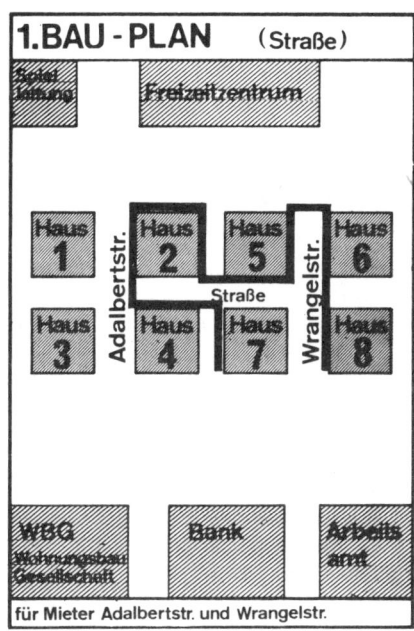

1. BAU - PLAN (Straße)

Spielleitung — Freizeitzentrum

Haus 1 — Haus 2 — Haus 5 — Haus 6
Adalbertstr. — Straße — Wrangelstr.
Haus 3 — Haus 4 — Haus 7 — Haus 8

WBG Wohnungsbau Gesellschaft — Bank — Arbeitsamt

für Mieter Adalbertstr. und Wrangelstr.

Spielanleitung

für den Leiter der Bank

1. Die auf den Handlungsanweisungen verzeichneten Löhne auszahlen. Danach die alte Handlungsanweisung gegen die neue (mit der nächsthöheren Zahl) austauschen.
2. Die Wohnungsbaugesellschaft bekommt, wenn sie Aktien kauft, eine Aktie im doppelten Wert des eingezahlten Geldes.
   Damit wird der Prozeß der Aktienspekulation und des Gewinns verkürzt.
   Beispiel: Für eingezahlte 5 000,– DM erhält die Wohnungsbaugesellschaft eine Aktie im Werte von 10 000,– DM.
3. Kredit zurückzahlen lassen.

Spielanleitung

für den Leiter des Arbeitsamtes

1. Keine Arbeit verteilen ohne den Auftrag und den Bau- oder Abrißplan von der Wohnungsbaugesellschaft.
2. Nach der Arbeitsvermittlung:
   alte Handlungsanweisungen (HAW) gegen neue HAW mit der nächsthöheren Zahl austauschen.

Spielanleitung

für den Leiter des Freizeitzentrums (möglichst 2 Teamer)

1. Das Freizeitzentrum muß straff organisiert sein. Nach dem Prinzip des Minigolfs können verschiedene Geschicklichkeitsspiele entwickelt werden.
   Jeder hat drei Versuche und muß 10.– DM pro Spielrunde bezahlen.

Vorschläge

a) Pappschachteln auf dem Tisch aufbauen (große und kleine); Mit einem kleinen Ball müssen die Schachteln vom Tisch befördert werden.   Gewinn 20,– DM
b) Würfelspiel mit drei Würfeln.
   Es müssen drei Sechsen gewürfelt werden. Man hat drei Versuche.   Gewinn 20.– DM
c) Einen Federball mit einem Federballschläger in einen aufgestellten Karton schlagen. Man hat drei Versuche. Bei drei Treffern Gewinn 20,– DM

Ein Teamer sollte die Spiele überwachen.

2. Der zweite Teamer sollte die 10.– DM Spielgebühr kassieren und

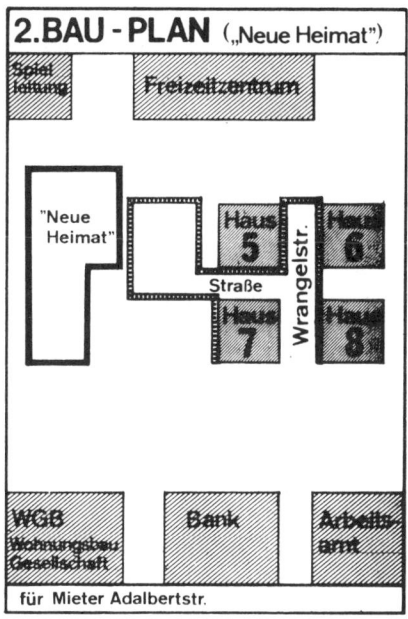

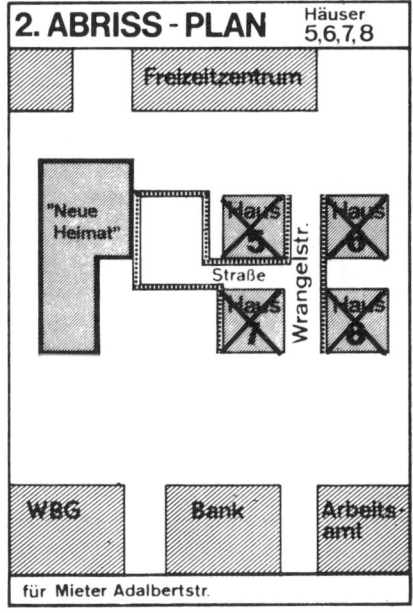

nach dem Spiel die Handlungsanweisungen austauschen. Für die alte HAW gibt es die neue HAW mit der nächsthöheren Zahl.

Spielanleitung

für den Spielleiter

Vorbereitung des Spiels

1. Aufbau nach Aufbauplan. Häuser mit Tesakrepp aufkleben, Stühle in die Häuser stellen, pro Mieter einen Stuhl.
2. Spieler und Teamer einteilen
   1 Teamer für das Arbeitsamt, 1 bzw. 2 Teamer für das Freizeitzentrum, 1 Teamer für die Bank.
   Den Mietern die Stühle in den Häusern zuweisen (Mietergruppe Adalbertstraße, Mietergruppe Wrangelstraße und die Gruppe der Wohnungsbaugesellschaft).
3. Handlungsanweisungen (HAW) und Spielanweisungen an Teamer und Wohnungsbaugesellschaft (WBG) austeilen, allerdings nur bis HAW 15, die restlichen HAW vorerst behalten!
4. Verteilung der Materialien
   a) an die Bank: Geld, Aktien, Kaufvertrag
   b) an die WBG: Mietverträge, Kündigungen, Bau- und Abrißpläne
   c) an das Arbeitsamt: Tesakrepp zum Straßen- und Häuserbau
   d) an das Freizeitzentrum: Würfelbecher mit Würfeln u. ä.
   Der Spielleiter behält: Zeitungen, HAW ab 16 und HAW 1, Zusatz-HAW

Aufgaben des Spielleiters während des Spiels

1. Zeitungen auf Anfrage ausgeben.
2. Die Zusatzhandlungsanweisung ausgeben.
3. Nach der Mieterversammlung das Ergebnis bekanntgeben. Im positiven Fall HAW ab 16 p bei der WBG abgeben, im negativen Fall HAW ab 16 n im Freizeitzentrum an die Mieter und an die WBG verteilen.
4. Bei positivem Ausgang des Spieles das Ergebnis der Planung für das Kulturhaus und die Endsumme des Geldes der WBG bekanntgeben.
   Bei negativem Ausgang die Endsumme der WBG bekanntgeben.

Zusammenfassung der Handlungsanweisungen

Im Gesellschaftsspiel sind vereinfacht gesellschaftliche Zusammenhänge aus spieltechnischen Gründen dargestellt, es zeigt aber doch

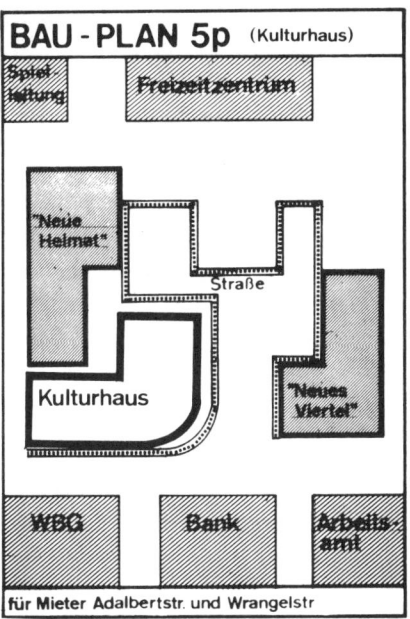

BAU - PLAN 5p (Kulturhaus)

Spiel leitung

Freizeitzentrum

"Neue Heimat"

Straße

Kulturhaus

"Neues Viertel"

WBG   Bank   Arbeits- amt

für Mieter Adalbertstr. und Wrangelstr

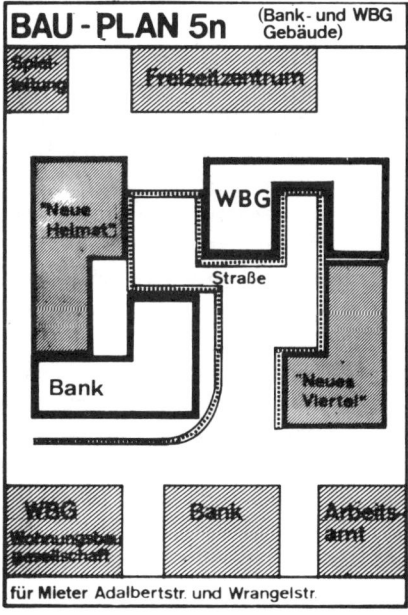

BAU - PLAN 5n (Bank- und WBG Gebäude)

Spiel leitung

Freizeitzentrum

"Neue Heimat"

WBG

Straße

Bank

"Neues Viertel"

WBG Wohnungsbau gesellschaft   Bank   Arbeits- amt

für Mieter Adalbertstr. und Wrangelstr.

die Strukturen in ihrem bestehenden Charakter auf, so wie sie in der Bundesrepublik und Berlin-West vorzufinden sind.

Das Spiel ist als Diskussionsanstoß gedacht, es soll die Motivation für eine intensivere Beschäftigung mit dem Thema Sanierung schaffen. Deshalb braucht im Spiel nicht unbedingt ein Raum für Improvisation und spontane Veränderung des Ablaufs vorhanden sein. Es ist aber wichtig, daß der Glücksfaktor keine Rolle spielt und sich alle Entscheidungen aus dem Spiel heraus klären.

Die verschiedenen Lösungsmöglichkeiten sollten in der weiteren Diskussion im Vordergrund stehen.

HAW	Text	Mieter Wrangelstraße	Ausgabeort
1	Geh zur Bank, nimm einen Kredit auf 130,–DM		Spielleiter
2	Geh zur WBG, besorg dir eine Wohnung		Bank
3	Geh zum Arbeitsamt, besorg dir Arbeit, Bauplan 1		WBG
4	Führe die Arbeit nach Bauplan 1 aus		Arbeitsamt
5	Geh zur WBG, zahle 200,–DM Miete		Bank
6	Geh ins Freizeitzentrum, gib 10,–DM aus		WBG
7	Hol dir eine Zeitung beim Spielleiter, lies sie, dann besorg dir Arbeit beim Arbeitsamt, Abrißplan 1		Freizeitzentrum
8	Führe die Arbeit aus, Abrißplan 1, Hol deinen Lohn von der Bank 220,–DM		Arbeitsamt
9	Geh zur WBG, zahle Miete 200,–DM		Bank
10	Geh ins Freizeitzentrum, gib 10,–DM aus		WBG
11	Besorg dir eine Zeitung beim Spielleiter, lies sie zu Hause und warte auf einen Boten. Danach Arbeit besorgen beim Arbeitsamt, Bauplan 3		Freizeitzentrum
12	Führe die Arbeit aus, bau »Neues Viertel«, danach Lohn von der Bank holen 220,–DM		Arbeitsamt
13	Geh zur WBG, hol dir einen neuen Mietvertrag und zahl Miete 250,–DM. Danach Arbeit beim Arbeitsamt besorgen		Bank
14	Arbeit ausführen, Straße bauen, danach den Lohn von der Bank abholen, danach ins Freizeitzentrum gehen und 10,–DM ausgeben.		Arbeitsamt

15   Du hast folgende Möglichkeiten:.

a) Bleib im Freizeitzentrum und spiele
   weiter (vergiß nicht, das Geld für die Miete
   zurückzubehalten). Warte dann auf den
   Spielleiter.

b) Geh zur Mieterversammlung ins Haus
   »Neue Heimat«, wähle auf der Mieterversammlung einen Vertreter, der beim
   Spielleiter eine Zusatzhandlungsanweisung
   abholen muß.

Freizeitzentrum

16 p Zieh ins »Neue Viertel« um (Stuhl
    transportieren), zahle Miete bei der WBG
    DM 200,–

WBG

17 p Geh zum Arbeitsamt, besorg dir Arbeit,
    Bauplan 5 p

WBG

18 p Führe die Arbeit aus, Kulturhaus bauen,
    hol deinen Lohn bei der Bank ab 220,– DM

Arbeitsamt

19 p Holt die Prämie für die Kulturarbeit
    100 000,– DM von der WBG ab und plant,
    was für das Geld im Kulturhaus gemacht
    werden soll. Das Ergebnis dem Spielleiter
    bekanntgeben.

Bank

16 n Besorg dir Arbeit beim Arbeitsamt,
    Bauplan 5 n

Spielleiter

17 n Führe die Arbeit aus, Bank und WBG-
    Gebäude bauen.
    Hol dir deinen Lohn ab
    220,– DM. Zahle gleichzeitig den Kredit
    und die Zinsen 190,– DM zurück.

Arbeitsamt

18 n Geh zur WBG und zahle Miete 250,– DM

Bank

19 n Geh ins Freizeitzentrum und gib 10,– DM
    aus

WBG

Zusatzhandlungsanweisung
Sind $2/3$ der Mieter anwesend, so gelten die Beschlüsse der Mieterversammlung als angenommen.

Beschlüsse:
a) gleiche Mieten zahlen wie in den alten Häusern
b) Mitbestimmung bei den Sanierungsplänen
c) anstelle des Bank- und WBG-Gebäudes soll ein neues Kulturzen-
   trum gebaut werden.

Mieter Adalbertstraße

Führ die Arbeit aus. Straßenbau. Bauplan 1

Dann geh zur Bank hol deinen Lohn ab. 12o, --

Ausgabeort: Arbeitsamt

 Mieter Wrangelstr.

Arbeit ausführen, Straße bauen,
danach Lohn von der Bank abholen.
Danach ins Freizeitz. und 1o,--
ausgeben

Ausgabeort: Arbeitsamt

 WBG

Für 5o.ooo,-- Aktien bei der Bank kaufen. Zwei
Aktien im Wert von je 5o.ooo,--(1oo% Gewinn durch

Aktienspekulation)

Ausgabeort:Arbeitsamt

132

d) die Abrißprämie für die Häuser Wrangelstraße sollen dem Kultur-
ausschuß zur Verfügung gestellt werden.
Das Ergebnis im positiven Fall der WBG mitteilen, es gilt HAW 16 p.
Sind nicht $2/3$ der Mieter anwesend, HAW 16 n beim Spielleiter im
Freizeitzentrum abholen.

HAW	Text Mieter Adalbertstraße	Ausgabeort
1	Geh zur Bank, nimm einen Kredit auf	
	130,–DM	Spielleiter
2	Geh zur WBG und besorg dir eine Wohnung	Bank
3	Geh zum Arbeitsamt, besorg dir eine	
	Arbeit, Bauplan 1	WBG
4	Führe die Arbeit aus, Straßenbau Bauplan 1	Arbeitsamt
	Dann geh zur Bank, hol deinen Lohn ab	
	120,–DM	
5	Geh zur WBG und zahle Miete 200,–DM	Bank
6	Geh ins Freizeitzentrum, gib 10,–DM aus	WBG
7	Hol dir eine Zeitung beim Spielleiter, lies	
	sie zu Hause, warte dort auf einen Boten.	
	Geh dann zum Arbeitsamt und besorg dir	
	Arbeit	Freizeitzentrum
8	Führe die Arbeit aus, Bauplan 2 »Neue	
	Heimat«. Geh anschließend zur Bank, hol	
	deinen Lohn ab 220,–DM	Arbeitsamt
9	Geh zur WBG, hol dir deinen Mietvertrag	
	und zahle dort Miete 250,–DM	Bank
10	Ziehe um in die »Neue Heimat« (Stuhl	
	transportieren). Anschließend ins Freizeit-	
	zentrum, gib 10,–DM aus	WBG
11	Besorg dir neue Arbeit beim Arbeitsamt,	
	Abrißplan 2	Freizeitzentrum
12	Arbeit ausführen, Abrißplan 2.	
	Hol anschließend deinen Lohn	Arbeitsamt
13	Geh zur WBG, zahl Miete 250,–DM. Dann	
	hol dir eine Zeitung beim Spielleiter, lies sie	
	zu Hause. Geh anschließend zum	
	Arbeitsamt, besorg dir Arbeit.	Bank
14	Bau eine Straße nach Bauplan 4. Geh	
	anschließend zur Bank, hol deinen Lohn	
	ab 250,–DM. Danach ins Freizeitzentrum	
	gehen und 10,–DM ausgeben.	Arbeitsamt

133

15	Du hast folgende Möglichkeiten: a) Bleib im Freizeitzentrum und spiele weiter (vergiß aber nicht, das Geld für die Miete zu behalten). Warte dann auf den Spielleiter. b) Geh zur Mieterversammlung ins Haus »Neue Heimat«, wähle auf der Mieter- versammlung einen Vertreter, der beim Spielleiter eine Zusatzhandlungsanweisung abholen muß.	Freizeitzentrum
16 p	Zieh ins »Neue Viertel« um (Stuhl transpor- tieren), zahle Miete bei der WBG 200,–DM	WBG
17 p	Geh zum Arbeitsamt, besorg dir Arbeit, Bauplan 5 p	WBG
18 p	Führe die Arbeit aus, Kulturhaus bauen, hol deinen Lohn bei der Bank ab 220,–DM	Arbeitsamt
19 p	Holt die Prämie für die Kulturarbeit 100 000,–DM von der WBG ab und plant, was für das Geld im Kulturhaus gemacht werden soll. Das Ergebnis dem Spielleiter bekanntgeben.	Bank
16 n	Besorg dir Arbeit beim Arbeitsamt, Bau- plan 5 n	Spielleiter
17 n	Führe die Arbeit aus. Bauplan 5 n Bau des Bank- und WBG-Gebäudes. Hol anschließend deinen Lohn ab 220,–DM. Zahle den Kredit plus Zinsen zurück 190,–DM.	Arbeitsamt
18 n	Geh zur WBG und zahle Miete 250,–DM	Bank
19 n	Geh ins Freizeitzentrum und gib 10,–DM aus	WBG

HAW	Text	Wohnungsbaugesellschaft WBG	Ausgabeort
1		Geh zur Bank, hol einen Kredit über 50 000,–DM	Spielleiter
2		Gib Mietverträge aus für die Mieter Wrangel- und Adalbertstraße, Aufträge für Straßen- bau zum Arbeitsamt geben, Bauplan 1	Bank
3		Für 50 000,–DM Aktien bei der Bank kaufen, zwei Aktien im Wert von je 50 000,–DM (100 % Gewinn durch Aktienspekulation)	Arbeitsamt

4	Bei der Bank Häuser Adalbertstraße aufkaufen, Preis 1 Aktie 50 000,– DM	Bank
5	Geh zur WBG Miete von Mietern kassieren, danach Aufträge für Abriß der Häuser Adalbertstr. ans Arbeitsamt geben, 1. Abrißplan und 2. Bauplan hinbringen	Bank
6	Für Mieteinnahmen soviel wie möglich Aktien kaufen	Arbeitsamt
7	Den Mietern Adalbertstr. die Kündigung ins Haus bringen, anschließend Abrißprämie über 100 000,– DM von der Bank holen, davon 50 000,– DM Kredit an die Bank zurückzahlen.	Bank
8	Zurück zur WBG, Miete kassieren, Abriß der Häuser Wrangelstraße zum Arbeitsamt bringen, 2. Abrißplan, 3. Bauplan	Bank
9	Die Kündigung den Mietern Wrangelstraße ins Haus bringen, dann ins Freizeitzentrum und das eingenommene Geld kassieren	Arbeitsamt
10	Die bisher eingenommene Miete zur Bank bringen. Dafür soviel wie möglich Aktien zum doppelten Wert kaufen	Freizeitzentrum
11	Die Miete kassieren, dann die nächste HAW vom Arbeitsamt holen	Bank
12	Auftrag für Straßenbau geben. 4. Bauplan ans Arbeitsamt	Arbeitsamt
13	Für die eingenommene Miete Aktien im doppelten Wert kaufen	Arbeitsamt
14	Im Freizeitzentrum 10,– DM ausgeben	Bank
15	Abrißprämie über 100 000,– DM bei der Bank abholen (für die abgerissenen Häuser Wrangelstr.)	Freizeitzentrum
16 p	Miete kassieren, Arbeitsauftrag für den Bau des Kulturhauses ans Arbeitsamt, Bauplan 5 p, für 100 000,– DM Aktien kaufen	Bank
17 p	Geld und Aktien zählen, neue HAW bei der Bank abholen	Bank
18 p	100 000,– DM für den Kulturausschuß zur Verfügung stellen in Geld oder Aktien. Bei der Bank neue HAW abholen	Bank
19 p	Die Endsummen von Geld und Aktien dem Spielleiter bekanntgeben	Bank

16 n	Auftrag für den Bau des Bank- und WBG-Gebäudes zum Arbeitsamt bringen, Bauplan 5 n	Bank
17 n	Geld und Aktien zählen. Neue HAW von der Bank holen	Arbeitsamt
18 n	Miete kassieren und Aktien dafür kaufen	Bank
19 n	Die Endsumme des Geldes und der Aktien dem Spielleiter bekanntgeben	Bank

Materialien und Handlungsanweisungen:
  Aufbauplan
  Baupläne
  Abrißpläne
  Bauplan 5 p und 5 n (Zusatzbaupläne)
  1. Zeitung
  2. Leitung
  Geld
  Aktien
  Mietverträge

Wichtig für die Durchführung des Spieles ist, daß sich eine kleine Gruppe (3 bis 5 Personen) intensiv vorbereitet und den Ablauf des Spieles gut kennen muß. Dann läuft ein Gesellschaftsspiel ab, von dem eine Gruppe für ihre weitere Arbeit viele Anregungen erhalten kann.

Wenn es durch die Darstellung des Sanierungsspieles gelungen ist, das Prinzip eines Gesellschaftsspieles deutlich zu machen, bei dem es mit vorbereiteten Materialien durch wenige, vorher informierte Initiatoren möglich ist, ein Spiel in Gang zu setzen, das in seinem Ablauf gesellschaftliche Strukturen und Abhängigkeiten verschiedener Gruppen und Institutionen deutlich macht, wäre die Absicht dieses Berichtes erreicht.

Es wäre darüber hinaus zu hoffen, daß dieses Konzept des Spieles weiterentwickelt wird und neue Spiele dieser Art mit anderen Themen und anderen Organisationsformen entstehen, denn mit diesen vorbereiteten, vorstrukturierten Spielen wird durchaus einem legitimen Bedürfnis nach Unterhaltung und geselliger Kommunikation entsprochen.

10. Beschreibung eines antifaschistischen Zeltlagers 1928
Ein Interview mit Jan Koplowitz

Jan Koplowitz lebt als Schriftsteller in der DDR und hat 1977 den »Heine-Preis« bekommen.

Er war in den 20er Jahren beteiligt an der Entwicklung neuer Formen der Arbeiterkultur, leitete die Agit-Prop-Truppe »Rote Schalmeien«, zog mit ihr durch die Städte und spielte auf Plätzen und in Vereinssälen.

In den Jahren des Hitlerfaschismus in Deutschland, in denen ja auch eine demokratische Kulturarbeit verboten war, mußte er in der Illegalität arbeiten und schließlich in die Tschechoslowakei und nach England emigrieren.

Nach dem Zweiten Weltkrieg ging er dann in die DDR, wo er eine Reihe Romane veröffentlichte. »Geschichten aus dem Ölpapier«, »Die Taktstraße«, »Die Sumpfhühner«. Alle seine Bücher entstanden in direkter Zusammenarbeit mit den »Betroffenen«. Er hat sich besondere Verdienste durch seine Kulturarbeit mit Brigaden und Kollektiven in den Betrieben erworben.

Das folgende Interview muß auf dem Hintergrund der Erfahrungen mit dem Hitlerfaschismus gesehen werden. 1928 war ja schon für viele die Gefahr der immer stärker werdenden NSDAP zu sehen. Gewerkschafter, Sozialdemokraten und Kommunisten organisierten den Widerstand gegen den Faschismus. Die Kinder, deren Väter in den Gefängnissen waren, mußten betreut werden, die Auswirkungen der politischen Unterdrückung mußten ihnen erklärt werden, und die Ursachen mußten ihnen klargemacht werden. Eine demokratische Kulturarbeit konnte nicht gemacht werden, ohne den Widerstand gegen den Faschismus zu organisieren. Deshalb ist der Bericht von Koplowitz ein anschauliches Beispiel für eine kulturelle Jugendarbeit, die gesellschaftliche Konsequenzen hat. Viele dieser Kinder mußten ihr Engagement mit ihrem Leben bezahlen, sie wurden in den Nazi-KZs ermordet. Aber ihre politische Arbeit gegen das Hitlerregime war ein notwendiger, mutiger Kampf und hat vielen Menschen das Leben gerettet.

Kinderselbstverwaltung im Zeltlager

Das Interview mit Jan Koplowitz (JK) führten Michael Kramer (MK) und Ulrike Keller (UK).

JK:

Seit 1932 war der Verband der »Roten Jungpioniere«, die Kinderorganisation der kommunistischen Partei der Tschechoslowakei, verboten.

Wir haben daraufhin mit Hilfe der Vćela, das war die »Rote Konsumorganisation« (Vćela heißt Biene), einen Tarnverband ins Leben gerufen. Der Verband hieß: »Verband der Fürsorge für das Arbeiterkind«, und wir haben einen neuen Versuch der Organisierung der
Arbeiterkinder gestartet. Der Schöpfer dieser Idee war Slawa Hornik, der wurde im Jahr 1942 in Brünn hingerichtet. Sein Sohn war
unser Trompeter im Lager. Als ich ihn kennenlernte, war er zwölf
Jahre alt, beide wurden hingerichtet, am gleichen Ort, Vater und
Sohn.

Slawa Hornik hatte die Idee, von Makarenko abzugehen, im bestimmten Grade weiterzugehen. Es kam ihm auf ein großes Experiment an, auf die Kinderselbstverwaltung, wobei die Betonung auf
Kinder lag, die selbst Sinn und Zweck erkannten, Spaß daran fanden
und sich damit selbst verwirklichten.

MK:

Laß uns mal kurz fragen, das Ganze war in der Tschechoslowakei
. . .

JK:

Es war in der Tschechoslowakei, ich war Emigrant dort, und weil ich pädagogisch und psychologisch interessiert war, wurde ich in die Vorbereitung dieses Kinderlagers einbezogen. Das hatte seinen Grund. Es handelte sich bei den Kindern nämlich nicht nur um Kinder aus den slawischen Notgebieten, auch Kinder aus Karpatokrossland, jetzt gehört es zur Sowjetunion, aus der Ostslowakei, das sind die Barfüßlergegenden, aber auch Kinder aus dem Sudetengebiet, Gablonz, Reichenberg usw. nahmen an dem Lager teil. Es gab daher auch einen Haufen deutschsprachiger Kinder aus der Tschechoslowakei, und deshalb vor allem wurde ich mit einbezogen.

Wir bereiteten das ganze Lager monatelang vor. Nicht etwa in dem Sinne, daß wir etwas bestimmen wollten oder ein sklavisch zu befolgendes festgefügtes Lernprogramm entwickelten, von dem nicht abgewichen werden sollte, sondern so, daß wir für jeden Tag ein Angebot hatten, ein pädagogisches Angebot für die Kinder. Auch bei der Vorarbeit spielten die Kinder schon eine Rolle. Wir spielten Vorgeschlagenes mit ihnen durch und ließen uns informieren.

Entscheidend war der erste Tag. Wir kamen an in Sobešin an der Sazawa. Eine riesige Wiese, dort waren zwei Zeltlager vorbereitet. Ein Zeltlager war für die kleinen Kinder, es bestand aus großen Rundzelten, die wir Zirkusse nannten. Das andere Zeltlager bestand aus kleineren Zelten für zwei Personen, diese Zelte waren für die Größeren bestimmt, die hier zu zweit miteinander hausen konnten. So entstanden das »kleine Lager« und das »große Lager«.

139

MK:

Wie waren die Altersstufen genau eingeteilt?

JK:

Von fünf bis neun und von 10 bis 15 Jahren.

Zu diesem Lager gehörte noch eine große, nach drei Seiten offene, aus Buchenholz zusammengeschlagene Veranda, deren Spitze von der Küche gebildet wurde. Faktisch ein Regendach mit Holzstäben. Wir kamen an, die Kinder lagerten auf der Wiese, dort ließen wir sie zunächst allein. Wir Erwachsenen hielten uns in diesem überdachten Raum auf und ließen die Kinder erst einmal zwei oder drei Stunden machen, was sie wollten.

Die Kinder waren müde und abgespannt. Einige spielten, einige rauften sich, einige schrieben, auf dem Bauch liegend, inmitten des Trubels, einige saßen teilnahmslos auf ihren Koffern, einige spielten Brettspiele, und einige heulten. Wir haben die Kinder vollkommen sich selbst überlassen. Aber wie das bei Kindern so ist, eine Weile werden sie mit sich selbst fertig, aber dann wirkt der Einfluß der Schule, wirkt der Einfluß der Gewohnheit, wirkt der Einfluß der Ordnung, und sie bekommen ungeregelte Aktivitäten satt.

Wir merkten, wie sie sich allmählich unruhig verhielten. Einige von unseren pädagogisch geschulten Lagerleitern gingen schon zu Slawa Hornik und sagten: »Jetzt müssen wir eingreifen, das geht nicht, sie fangen ja an, sich zu prügeln!«

Er sagte: »Nein! Kommt nicht in Frage!«

Plötzlich kam ein Junge auf uns zu, er überbrückte, und dazu gehörte sehr viel Initiative, den dreißig Meter großen Abstand zu den Erwachsenen, stellte sich vor uns hin, grüßte höflich und sagte drohend: »Was wollt ihr mit uns machen?« Darauf sagten wir: »Was würdest du gerne machen?« Der Junge antwortete: »Ordnung!« Darauf wir: »Dann gehe und mach Ordnung!« Daraufhin holte er sich aus der Küche eine leere Margarinekiste, stülpte sie über den Kopf, marschierte zu dem Kinderhaufen, nahm erst inmitten des Kinderhaufens die Kiste herunter und stellte sich, weil er fand, daß er sonst zu klein wäre, auf die Kiste. Damit war er der Größte und übersah die Situation. Während die Kinder neugierig zusahen, brüllte er von seiner Kiste herab nur ein Wort: »Poçadek!« (Ordnung).

Es wurde nach diesem »Ordnungsruf« plötzlich still, und alle sahen ihn erwartungsvoll an, da die meisten Kinder der ungeregelten, unorganisierten Tätigkeit müde waren. Nun überlegte der Junge, was er als nächstes tun könne, im Moment fiel ihm auch nur das in der Schule antrainierte Verhalten ein, und er rief:»In einer Reihe antreten!«

Das, was sich daraus ergab, war eher eine Schlangenlinie als eine Gerade. Wir haben immer gezittert und überlegt, wann wir eingreifen müßten.

UK:

Wieviel Kinder waren es ungefähr?

JK:

350.

Da beklagte sich ein kleines Mädchen, sie meldete sich wie in der Schule mit der Hand und sagte:»Das ist ungerecht! Weil ich so klein bin und er so groß, muß ich neben einem neunjährigen Jungen stehen, wo ich doch schon zwölf bin. Da stimmt doch etwas nicht!« Das hat Jirka Vocalek sofort aufgegriffen und gesagt:»In einer Reihe antreten, aber dem Alter nach!« Daraufhin entstand eine diesmal gezackte Linie von den Fünfzehnjährigen bis herunter zu den Kleinen. Wir standen dabei immer aufgeregt am Rande unter dem Holzverandadach und haben uns gefragt:»Wann müssen wir eingreifen?«

Als die Kinder dann endlich sehr müde waren, sagte Jirka, der das erkannte, schließlich:»Jetzt gehen wir schlafen!« Die Zelte waren ja da.

Nun entstand eine sehr gefährliche Situation, die Frage war, wo sie schlafen gehen wollten. Die Großen wären natürlich am liebsten zusammen, Jungen und Mädchen, in die Zirkusse gegangen, aber sie trauten sich nicht und warteten, ob Jirka Vocalek eine Entscheidung treffen würde. Dieser Situation stand Jirka als die anerkannte Bezugsperson recht hilflos gegenüber.

Die Situation rettete ein kleines Mädchen, das erklärte:»Wir haben zu Hause nur drei Betten, die kleinen Jungen liegen immer zusammen im großen Bett, und bei Mutti liegen wir Großen. Es ist viel besser, wenn die Kleinen zusammen sind.« Jirka, dankbar für diese Anregung, erklärte, daß dann eben die Großen in die Zweierzelte und die Kleinen in die Zirkusse gingen. (Der Name Zirkusse stammte übrigens von den Kindern.) Und so ging man, natürlich Jungen und Mädchen getrennt, schlafen.

MK:

Das war der erste Tag?

JK:

Ja, das war der erste Tag.

UK:

Die Kinder sind selbständig in die Betten gegangen?

JK:

Ja, die Größeren haben den Kleineren geholfen. Decken waren ja da, und die Zelte waren auch ausgestattet.

Am nächsten Morgen haben wir dann überlegt, wie wir den Kindern »Selbstverwaltung« begreifbar machen können. Nach einer Beratung mit dem Koch gab es dann zum Frühstück Reis mit Zucker, Zimt und Butter, ein Luxusessen für diese Kinder; zum zweiten Frühstück gab es dann ebenfalls Reis mit Zucker, Zimt und Butter, und auch zum Mittagessen gab es Reis mit Zucker, Zimt und Butter. In diesem Zusammenhang bekamen wir dann unsere erste Demonstration, von uns provoziert, an den Hals.

Bei dieser Reaktion darf man nicht vergessen, daß die Kinder zwar aus den Notgegenden der Tschechoslowakei kamen, ihre Eltern waren aber zum Teil Gewerkschafts- und Parteifunktionäre, Arbeitslosenfunktionäre (es war die Zeit der großen Arbeitslosigkeit), und von vielen Kindern saßen auch ein oder beide Elternteile wegen ihrer politischen Überzeugung im Gefängnis. Sie kannten daher die politische Auseinandersetzung von zu Hause aus.

Die Demonstration verlief so, daß die Kinder mit selbstgemachten Plakaten zu uns nach vorne kamen und ein anständiges Essen verlangten. Ein anständiges Essen mit Kartoffeln und Fleisch wollten sie haben. Vor dieser Holzveranda, auf der wir uns aufhielten, blieben sie dann stehen. Es war eine richtig bedrohliche Situation, bis unser Küchenchef kam, das war so ein richtiger Prager Pepik, groß, breit, und er hatte sich noch so eine große weiße Mütze aufgesetzt, die einen halben Meter hoch war. Mit dem Habitus eines Kochs fragte er dann: »Was wollt ihr essen?«

Schnitzel wollten sie natürlich alle haben, das gab es zu Hause nur einmal im Jahr, oder Gänsebraten. Der Koch meinte daraufhin:

»Schnitzel geht nur, wenn ihr drei Tage hungern wollt, 400 Schnitzel klopfen, in Ei wälzen, panieren und braten, das bedarf der Vorbereitung. So viele Leute habe ich nicht in der Küche. Ich mache euch aber einen Vorschlag: Macht in euren Gruppen doch selbst einmal einen Speisezettel. Ihr habt ja alle der Mutter durch den Ellenbogen geguckt, Ihr wißt also sicher, was man zum Kochen braucht. Der beste Speisezettel wird prämiert.«

Er erklärte ihnen ganz offen, wieviel Fleisch (Kalb- und Schweinefleisch), Obst, Gemüse, Butter, Fett etc. er für die erste Woche zur Verfügung hatte. Er machte eine richtige Aufstellung von den Vorräten, und er sagte zu den Kindern: »Macht was daraus, macht einen

Küchenzettel für die ganze Woche. Wer den besten Küchenzettel macht, der kommt in die Küchenkommission.«

Also wurde das erste Organ der Kinderselbstverwaltung die Küchenkommission.

In die gehörten erstens der Koch, zweitens der Arzt, der wußte, was vom gesundheitlichen Standpunkt gut für die Kinder war, drittens der Organisationsleiter des Lagers, der ja das Essen bezahlen mußte, und es wurden tatsächlich die Kinder, die den besten Vorschlag für den Küchenzettel gemacht hatten, in die Kommission gewählt. Dreizehn Kinder waren dann in der Küchenkommission.

Dabei ist es sehr interessant, daß wir beim Futtern angefangen haben, ich möchte da nicht Brecht zitieren, der ja sagt: Erst kommt das Fressen!

In diesem Zusammenhang muß man noch folgendes sagen: Wir sind vorher monatelang, obwohl das Lager von der »Konsumorganisation« vorbereitet wurde, im Land umhergefahren und haben geschnorrt, einfach gebettelt um Hülsenfrüchte, Obst, Fleisch, Fette, eben alles, was zur Versorgung notwendig war, damit diese Kinder, die aus den erbärmlichsten Gegenden der Tschechoslowakei stammten, etwas zu essen hatten. Aber wir wollten sie auch gut versorgen.

Die Küchenkommission war also die erste Form der Kinderselbstverwaltung. Da dreizehn mehr als drei sind, mußten die Erwachsenen sehr überzeugend sein; denn wir hatten ja eine demokratische Abstimmung, und dreizehn sind eben mehr als drei.

MK:

Dreizehn und drei? Wie war das?

JK:

Dreizehn Kindergruppen, und jede Gruppe hatte einen Delegierten in der Küchenkommission, und drei Erwachsene kamen hinzu. Später haben wir dann im Lagerrat, in dem wir Vorschlags-, aber kein Stimmrecht hatten, erfolgreich angeregt, die Gruppe zu halbieren. Nicht nur wegen der Übersicht und der Überschaubarkeit. Wir verfolgten ebenfalls die Absicht damit, möglichst viele Pioniere für die Organe der Selbstverwaltung mit Entscheidungsvollmachten auszustatten. Dabei kamen natürlich die Erfahrungen, die die Pioniere in der Küchenkommission gesammelt hatten, auch den anderen Selbstverwaltungsorganen zugute. Denn nachdem die Kinder erkannt hatten, daß »ihre« Küchenkommission funktionierte, waren sie auch zu weiteren Abenteuern mit der Selbstverwaltung bereit.

Der politische Leiter trat zuerst einmal überhaupt nicht in Erscheinung, obwohl wir mit dem Selbstverwaltungsprinzip eine politische Absicht hatten. Wir wollten uns eine große Anzahl von potentiellen Leitern erziehen, die in der Lage waren, in unserer illegalen »Roten Pionierorganisation« Kinderkollektive zu führen. Dabei gingen wir von dem Standpunkt aus, wenn Kinder reif genug sind zu hungern, sind sie auch reif genug zu kämpfen! Die Kinder hatten ja durch ihr Elternhaus und ihre Umgebung schon einiges an politischer Unterdrückung und vor allem an politischer Verfolgung mitbekommen. Wir hatten uns dabei eine große Aufgabe gestellt. Wir mußten in sechs Wochen versuchen, überzeugend zu verändern, was der bürgerliche tschechoslowakische Staat in vierzig Wochen in seinem Schulsystem, das ebenso wie der Staat auf Unterdrückung aufgebaut war, an Deformation des Geschichtsbewußtseins, an Deformation des Sozialgefühls, an Manipulation im Sinne des bürgerlichen Staates produziert hatte. An diesen Prämissen richtete sich unser pädagogisches Angebot aus.

Dabei haben wir das, was wir am Vormittag theoretisch miteinander erarbeitet hatten, am Nachmittag in spielerischer Form aufzuarbeiten versucht. Dies erschien uns als eine sehr wichtige Sache. So kann man z. B. den Pythagoras spielen. Ich weiß noch, wie wir den Himmelstraum gespielt haben, und einer wollte immer ein Komet sein. Dazu rannte er mit einem Bettlaken immer quer über den ganzen Platz. Er war ein Komet.

Allerdings hatten wir auch im Spielverlauf einige geschichtliche wie pädagogische Schwierigkeiten. Dazu ist als Hintergrundinformation wichtig zu wissen, daß die damalige Tschechoslowakei praktisch doppelt unterdrückt war. Einerseits war sie beherrscht von den Habsburgern und andererseits von den eigenen Landherren, den Burgherren. Nun fanden sich aber keine Kinder bereit, die Burgherren zu spielen. Wir haben alles versucht, wir boten den Kindern sogar Schnitzel an, aber es half nichts, es ging den Kindern so gegen den Strich, die Burgherren zu spielen, daß schließlich die Erwachsenen die Rolle übernehmen mußten, aber auch wir fühlten uns ziemlich schlecht dabei.

Wie gesagt, alles, was von uns theoretisch an Geschichte, Geographie, Mathematik etc. erarbeitet wurde, ist dann am Nachmittag spielerisch aufgearbeitet worden. Dabei ging der theoretische Unterricht so vor sich, daß ein Unterrichtsvortrag entweder von einem Erwachsenen oder von einem Kind gehalten wurde. Hielt den Vortrag ein Erwachsener, so wurde das Seminar von einem Kind geleitet, hielt den Vortrag ein Kind, leitete das Seminar ein Erwachsener.

MK:

Auch bei den kleinen Kindern?

JK:

Ja, auch bei den kleinen Kindern, wobei man jedoch eine andere Form von Pädagogik finden mußte, eine eher angewandte Pädagogik, so eine Art Pädologie.

UK:

Kannst du ein Beispiel nennen?

JK:

Z. B. bereits existierende Kinderspiele mit einem historischen und politischen Inhalt füllen.

UK:

Interessant, aber wie geht das?

JK:

Das geht z. B. sehr gut bei dem Spiel »Wer hat Angst vor'm schwarzen Mann« und bei allen ähnlichen Spielen in dieser Richtung. Man fragt halt: »Wer hat was, und wer hat nichts?« oder »Wie nimmt man sich, was man nicht hat?« oder »Wer nimmt gute Arbeit weg und gibt schlechten Lohn dafür?« usw.

Im gesamten Kinderlager gab es nun gemeinsame Ordnungsregeln, die von dem Lagersowjet gegeben wurden. Den Begriff des Lagersowjet hatten wir aus der sowjetischen Kindererziehung, der Pioniererziehung, aufgegriffen. Im Lagersowjet selbst waren keine Erwachsenen, die hatten ihre eigenen Gesetze; so durften die Erwachsenen außerhalb des Lagergebietes, der großen Wiese und der Mühle, tun, was ihnen beliebte, innerhalb des Lagers jedoch unterstanden auch die Erwachsenen der Gesetzbarkeit, die sich die Kinder durch den Lagersowjet selbst gegeben hatten.

So gab es für alle wichtigen Bereiche des Zusammenlebens Ministerien, die ebenfalls von Kindern geleitet wurden. Es gab das Ministerium für Sauberkeit, das Justizministerium, ein Ministerium der Arbeit, ein Ministerium der Erziehung, und (vergeßt in diesem Zusammenhang nicht, daß wir uns damals in einem Zustand der Krise befanden, in direkter Nähe drohte der große Nachbar, das sogenannte »Dritte Reich«, wo der Faschismus mit Macht begann) wir hatten also auch ein Ministerium der Wehrhaftigkeit. Alle diese Ministerien, die es gab, wurden von der großen Kinderversammlung gewählt. Die Ministerien hatten nun Hilfsorgane, wie die Brigade Čistotů, die Sauberkeitsbrigade, die Ordnungshüter, die Wache.

Gerade die Brigade Čistotů, die im Lager für Hygiene und Ordnung verantwortlich war, spielte eine sehr große Rolle in unserem Lager.

Ihre Mitglieder waren berechtigt, die persönliche Sauberkeit aller Lagerinsassen, also auch der Erwachsenen, jederzeit zu überprüfen, Hände, Gesicht, besonders Hals und Ohren anzusehen, die Zelte zu inspizieren und individuelle und kollektive Maßnahmen zu veranlassen.

Jedes Kollektiv hatte einen eigenen Namen und einen eigenen Wimpel, der vor einem Zelt inmitten der Gruppe gehißt wurde. Das sauberste Zelt im ganzen Lager durfte unter dem Wimpel ein schneeweißes Dreieck hissen, mit dem es ausgezeichnet wurde. Ein schmutziges und unaufgeräumtes Zelt wurde mit einem stinkenden Drecklappen »ausgezeichnet«, den es drei Tage lang unter seinem Wimpel zu zeigen hatte. Kinder, die als unsauber und verwahrlost festgestellt wurden, wurden von der Brigade Čistotů im Beisein des gesamten Kollektivs, manchmal sogar des gesamten Lagers, unter dem Wasserfall am Wehr gewaschen. Die Brigade kontrollierte aber nicht zur Zelte und Personen, der gesamte große Wiesenraum und der bewaldete Hügel waren ihr Revier. Es scheint dabei auch verständlich, daß diese wichtige Brigade auch in den abendlichen Spielszenen am Lagerfeuer eine bedeutende Rolle spielte. In diesem Zusammenhang fühlte ich mich bei einigen Besuchen des Grips-Theaters in Berlin mit den phantasievollen Sketchen und Blackouts häufig an unsere abendlichen Spielszenen mit den Lagerkindern erinnert.

Eines Tages meinte ein etwa dreizehnjähriger Delegierter des Lagersowjets, daß bei den Verhandlungen des Parlaments viele gute Ideen einfach unter den Tisch fielen, weil sie nicht gut genug vertreten würden, oder aber gute Ideen und Vorschläge würden einfach nicht bis nach oben gelangen. Er schlug also vor, eine Instanz zu bilden, in der alle Vorschläge überprüft würden, wenn sie dann als gut befunden würden, sollte diese Instanz die Vorschläge mit allen Kindern diskutieren und propagieren. Diese Instanz wurde AGITKA genannt. Wahlspruch war, wer etwas will und weiß, rennt zu AGITKA. Das Ministerium AGITKA war ausgerüstet mit einer großen Pauke, dem Lagertrompeter Sarka und einem stimmgewaltigen Sprecher. Wenn nun das Trompetensignal und die Pauke ertönten, strömten die Kinder zusammen, denn für sie war AGITKA sehr interessant.

MK:

Kann man sagen, daß ihr schon die Gesellschaft vorgelebt habt, gespielt habt, die ihr euch politisch vorgestellt habt?

JK:

Es war unser Ziel, daß die Teilnehmer des Lagers am Ende des La-

146

gers den Gegensatz zwischen der Gesellschaftsordnung im Zeltlager und der Gesellschaftsordnung, in der sie leben müssen, als solchen auch empfinden.

MK:
Es war doch ein sehr demokratisches System, mit sozialistischer Zielsetzung und Mitbestimmung der Kinder . . .

JK:
Das war das Wesentliche, das hat uns von Makarenko unterschieden. Wir haben der Mitbestimmung der Kinder einen großen Stellenwert zugeordnet.

Makarenkos Kolonisten waren Besprisarni, aber in einem von der Oktoberrevolution befreiten Land, nach einem Sieg, aber in sehr schweren Anfangsstadien. Unsere Pioniere dagegen kamen ja aus den Elendsgebieten, und ihre Eltern kämpften gegen extreme Abhängigkeit und Unterdrückung. Daher sollte den Kindern ein möglichst großes Maß an Machtbefugnissen eingeräumt werden, damit sie das Gefühl bekamen, sie seien auch eigenständige Persönlichkeiten. Unser Ziel war es ja, den Kindern später leitende Aufgaben als politische Kinderfunktionäre zu übertragen, die dann in ihren Gruppen selbständig entscheiden sollten. Die Kinder sollten dabei eine Selbständigkeit entwickeln, die sie im Bewußtsein ihrer proletarischen Macht erleben sollten.

Im Lager gab es nun folgenden hierarchischen Aufbau:
1. der von allen Kindern gewählte Präsident,
2. die Ministerien mit den dazugehörigen Kommissionen,
3. der Kindersowjet, der nach jeder Tagung den Kinderdelegierten in den Kollektiven einen Bericht über die Ergebnisse abzugeben hatte.

Diese Lagerordnung wurde von den Kindern auch akzeptiert und führte nach und nach auch zu einer Souveränität unter ihnen. Dies lief in einem Prozeß ab, wobei sich Ergebnisse in der von uns gewünschten Art nicht von heute auf morgen einstellen konnten.

Für dieses so neu gewonnene Selbstbewußtsein gibt es ein erschütterndes Beispiel. Wir hatten ein Gesetz, wonach Kinder nicht geschlagen werden durften. Das resultierte aus der Auffassung, daß, wenn einem erwachsenen Leiter der Pioniergruppen die Nerven durchgingen, er für unser Lager nicht geeignet wäre. Die Kinder kannten unsere Auffassung, zwar versuchten einige, dies auszunutzen, diese wurden dann aber im allgemeinen von den anderen Kindern diszipliniert. Trotzdem geschah es einmal, daß in einem Kollektiv der 14- bis 15jährigen einem Leiter die Hand ausrutschte. Dazu muß man sagen, daß der Pionier ein sehr wilder Bursche war. Der Leiter ging nach dem Zwischenfall ohne Rücksprache mit den anderen Erwachsenen sofort in sein Zelt, um seine Sachen zu packen. Als wir von dem Vorfall erfuhren, erklärten wir ihm, daß wir in seinem speziellen Fall noch einmal Milde walten lassen wollten, da der Teilnehmer, wie allen bekannt, ein sehr rüder Bursche gewesen war. Daraufhin sagte der Leiter: »Nein, das hat mit uns und euch nichts zu tun. Wenn mir die Hand ausrutscht, dann bin ich nervlich nicht in der Lage, diese Arbeit zu machen.«

Als die Kinder, die ihn sehr liebten, das erfuhren, haben sie, damit er nicht weggeht, seine Koffer geklaut und sie zwei Meter tief im Wald vergraben. Die Kinder verlangten, daß der Gruppenleiter vor das Kindergericht, das Ministerium für Justiz, gestellt würde. Auch als wir erklärten, daß das nicht ginge, weil Kinder und Erwachsene ihre eigene Gesetzgebung hatten und dieses Vergehen bei der Erwachsenengesetzgebung mit einer eindeutigen Strafe belegt war, blieben die Kinder dennoch so hartnäckig, daß wir in diesem Fall nachgeben mußten. In dieser Zeit standen jedoch sehr viele Lageraktivitäten an, so erstellten die Kinder Zeitungen, Plakate und Transparente, so daß kurzfristig beschlossen wurde, der Betreuer solle einen Vormittag ein Schild um den Hals tragen, auf dem stand: »ICH BIN GROB GEWESEN.«

Das ging jedoch nicht gut aus. Den Kindern fiel damals eine Ausgabe der deutschen »Arbeiter Illustrierte Zeitung« in die Hände, die in der Tschechoslowakei erschien und die im Jahre 1933 von den Nazis verboten worden ist. Auf dem Titelblatt dieser Ausgabe war eine kahlgeschorene Frau auf einem Karren sitzend abgebildet. Neben ihr standen zwei SA-Leute, das Ganze wurde von einem Plakat mit der Aufschrift »ICH HABE DEUTSCHLANDS EHRE GESCHÄNDET, ICH HABE MIT EINEM JUDEN GESCHLAFEN« geziert. Das war die Zeit der Rassenschandegesetzgebung. Die Kinder haben wahrscheinlich den Inhalt des Plakates in seiner tieferen Bedeutung nicht begriffen, aber ihnen war klar, wenn die Nazis so etwas machten, das konnte nicht richtig sein. Sie diskutierten miteinander, und ein Mädchen rannte zur AGITKA, die das Thema als so wichtig empfand, daß sie eine außerordentliche Sitzung des Lagersowjets befürwortete. Ergebnis war, daß das Plakat sofort abgenommen werden mußte . . . Wie gesagt, ging dieses Ergebnis auf das Konto der AGITKA. Ein Kind war mit dem Titelblatt der »Illustrierten AZ« zu dieser Instanz gekommen, und die AGITKA hatte dann mit Pauken und Trompeten eine außerordentliche Sitzung des Lagersowjets verkündet, bei der auch beschlossen wurde, daß das Plakat entfernt und die Gerichtsakten in dem Fall des prügelnden Kollektivleiters zu revidieren sind, da das Urteil in dieser Form als schädlich angesehen wurde.

Mir sind dabei die Tränen gekommen, schließlich war ich ja auch Emigrant und als Halbjude ebenfalls betroffen.

Die Kinder haben uns Erwachsenen gezeigt, was wir hätten wissen müssen. So weit war die Urteils- und Entscheidungsfähigkeit der Kinder schon gediehen, daß sie auch über die Fehler oder Gleichgültigkeit der Erwachsenen hinweg zu eigenen Entscheidungen kommen konnten. Als die Kinder das erkannten, waren sie natürlich sehr stolz, aber ich muß sagen, daß sie ihre Macht eigentlich niemals mißbraucht haben.

Und nun kommt etwas Typisches für das Lager. Es gab natürlich eine Lagerwache, die jeden Morgen unter der Fahne nach dem Fahnenappell, bei dem übrigens jeder Rederecht hatte, abgelöst wurde. Dieses Lager unterstand nun dem Sozialministerium der Tschechoslowakei, weil uns der »Verband der Fürsorge für das Arbeiterkind« des Konsumvereins Včela, der als gemeinnützig anerkannt war, nach außen vertrat. Der Verband war ja, wie bereits gesagt, die Tarnkappe für die verbotene Kinderorganisation.

In dem Sozialministerium wunderten sie sich nun, daß so gar keine kritischen Briefe aus diesem Lager kamen. Es wurde also nicht nach Hause geschrieben: »Ich bekomme nicht genug zu essen« oder: »Es gibt nicht genug Fett!« Im Ministerium wurde nun befürchtet, daß sich in dem Lager so eine Erwachsenendiktatur abspielen würde, so mit Briefzensur etc.

So kam eines Tages ein Ministerialdirektor, um das Lager zu besuchen. Es war ein Herr, an den ich mich noch gut erinnere, er hatte einen schwarzen steifen Hut auf dem Kopf und einen langen schwarzen Mantel an. Dabei war er ein großer und ziemlich eleganter Mann. Am Lagertor meldete er sich nun bei der Lagerwache, einem Mädchen, und sagte: »Ich möchte die Leitung des Lagers sprechen.« Das Mädchen antwortete: »Ja, aber so einfach geht das nicht!« Sie blies in ihr Horn, da kam der Wachhabende angetrabt und fragte den Herrn: »Was wünschen Sie?« »Ich möchte den Leiter des Lagers sprechen«, sagte dieser höflich. Die Wache rief nun nicht etwa einen der erwachsenen Betreuer, sondern ihren gewählten Kinderpräsidenten Jirka Vocalek. Dieser zwölfjährige Dreikäsehoch kam nun an und fragte ebenfalls, was der Herr wünsche, der nun zum dritten Mal äußerte, daß er die Lagerleitung zu sprechen wünsche, worauf ihm Jirka erklärte: »Ich bin der gewählte Präsident«, und als er das sagte, empfand er sich durchaus als den legitimen Lagerleiter. Jirka nahm nun diesen großen Mann an die Hand und machte mit ihm einen Lagerrundgang, wobei er ihm alles erklärte: »Das ist das kleine Lager, das ist das große Lager, hier sind unsere Clubräume, dies ist unser Speisezettel, dort ist das Anschlagbrett des Amts für öffentliche Ordnung und Sauberkeit, hier die Anordnungen der Lagerversammlung, und hier machen wir unsere Zeitung.« So führte er ihn durch das ganze Lager. Ich muß dazu sagen, daß dies zwischen 13.00 und 15.00 Uhr geschah, die einzige Zeit, in der wir Betreuer ein wenig ausruhen konnten, da außer der Wache auch viele Kinder über Mittag schliefen. Man soll dabei nicht vergessen, daß wir zwar niemals direkt eingegriffen haben, aber wir mußten alles genau beobachten und in Konfliktfällen zur Verfügung stehen, um Hilfen anbieten zu können. Dadurch hatten wir doch sehr viel zu tun, da es doch viel leichter ist, etwas anzuordnen als zu beraten und zu helfen.

MK:
Wie lange dauerte das Lager etwa bis zu diesem Zeitpunkt?
JK:
Es waren drei Wochen.

Jirka führte ihn also zwei Stunden lang herum, und danach trafen wir plötzlich diesen kleinen Mann mit dem großen Kerl mit dem steifen Hut. Der Mann stellte sich uns vor: »Ich bin der Ministerialdirektor des Ministeriums für soziale Fürsorge«, und wir erstarrten. Wir entschuldigten uns, wollten unsere Abwesenheit erklären und ihm das Lager zeigen, worauf er meinte, daß dies gar nicht mehr notwendig sei, weil das schon der Präsident gemacht habe.

Dem Ministerialdirektor hat das alles so gut gefallen, und er war an allem so interessiert, daß er zwei Tage bei uns blieb.

Von dem Zeitpunkt an lief es eigentlich ganz gut mit dem Ministerium, der Mann war linker Sozialdemokrat und hat einiges Verständnis gehabt für das, was wir wollten.

Ein weiterer Schwerpunkt unserer Arbeit war die Zeit der Kinder, die außerhalb des Programmangebots stand. Wenn sie ihre Schularbeiten gemacht, sie ihre Briefe geschrieben hatten, mußten wir ihnen etwas anbieten. So haben wir jede Woche ein Lagerfeuer veranstaltet, und zu diesem Lagerfeuer haben die Kinder immer etwas aufgeführt. Sie wurden dabei von erfahrenen und begabten Leuten des DDOČ, dem Verband des Arbeitertheaters, angeleitet. Ein Stück hat ganz besonders beeindruckt, es hatte die Solidarität zum Thema.

In dem Stück trafen die Arbeitslosen aus Deutschland und die Arbeitslosen aus der Tschechoslowakei an der Grenze zusammen. Die Deutschen riefen: »Wir haben Hunger«, und die Tschechen riefen: »Mi mame hlad« (wir haben Hunger), und dann haben sich beide Gruppen gleich an der Grenze überlegt, was gemeinsam zu machen wäre, um Hunger und Arbeitslosigkeit zu überwinden. So wurde der Solidaritätsgedanke gleich unter einem kämpferischen Aspekt gesehen.

Sprechchöre und kleine Theaterstücke, Theaterstücke, die auch z. T. aus dem Unterricht entwickelt worden waren, historische Begebenheiten und Streikgeschichten sind dort entstanden.

Aber nicht alle Leute, die unser Lager besuchten, waren uns so wohlgesonnen wie der erwähnte Ministerialdirektor. Das Lager fand ja in der Tschechoslowakei zu einer Zeit statt, da die »Roten Jungpioniere« verboten waren. Nach außen mußten wir den Eindruck eines braven Kindererholungslagers, das unter dem Schild des Staatsministeriums für soziale Fürsorge stand, erwecken. Speziell mußte dieser Eindruck bei den Ämtern, Instanzen und natürlich auch bei der Polizei gewahrt bleiben. Wenn die Wache, die auf dem benachbarten bewaldeten Hügel, der das Lager überragte, postiert war, die Gendarmen oder irgendeine andere uniformierte Person entdeckte, die sich dem Lager näherte, wurde die rote Pionierfahne sofort eingezogen und die tschechoslowakische Staatsflagge gehißt. Statt Kollektiv hieß es dann nur noch »Gruppe«, wobei sich natürlich auch die Namen der Kollektive ändern mußten. So wurde aus dem Kollektiv Wladimir I. Lenin die Gruppe T. G. Masaryk, nach dem Präsidenten des bürgerlichen Staates, und aus dem Kollektiv, das den Namen des Führers der Kommunisten (und des späteren ersten Arbeiterpräsidenten der befreiten sozialistischen Tschechoslowakei), Klement Gottwald, trug, wurde die Gruppe Lidvard Beneš. Alles Politisch-militante wurde versteckt oder verharmlost, und wenige Minuten nach dem Alarm war das ›Rote Pionierlager‹ in ein bürgerlich-liberales Lager verwandelt. Das brauchten die Kinder nicht extra im Geschichtsunterricht zu lernen, daß, wenn sie ihr Lager erhalten wollten, die Einsicht in die Notwendigkeit einer konspirativen Arbeit deutlich wurde. Dabei möchte ich nicht noch einmal wiederholen, daß im sogenannten »Dritten Reich« die Faschisten praktisch nebenan die Macht übernommen hatten, daß dort aber die in der Illegalität lebenden Genossen heldenmütig und opferreich kämpften und daß unsere Kinder, die, wie bereits gesagt, die Verhältnisse der Illegalen zum Teil aus der eigenen Erfahrungswelt kannten, diesen

Kampf verstanden und sich solidarisch fühlten. Es kam hinzu, daß in der Tschechoslowakei die akute Gefahr bestand, von den Deutschen annektiert zu werden. Aber auch innerhalb der Tschechoslowakei standen sich feindliche Gruppen gegenüber. Die Feindschaft trennte sogar z. T. deutsche und tschechische Faschisten, aber auch zwischen den bürgerlich-liberalen, der sozialdemokratischen und auch der kommunistischen Richtung gab es wesentliche Trennungen.

Diese Erfahrungen wurden nun alle in den abendlichen, am Lagerfeuer gezeigten Stücken verarbeitet. Konkret lief das so ab, daß sich jede Gruppe ein Stück ausdachte und damit zum Ministerium für Kultur ging, das sich die Kinder ja auch geschaffen hatten, das dann die Stückauswahl traf. Es entstanden dort Lieder und Szenen, die sich bis heute gehalten haben, z. B.: »Warum sind die Leute reich, warum sind die Leute arm, warum laufen Arbeitslose auf den Straßen herum, sind das Lumpen, oder sind das Menschen?«

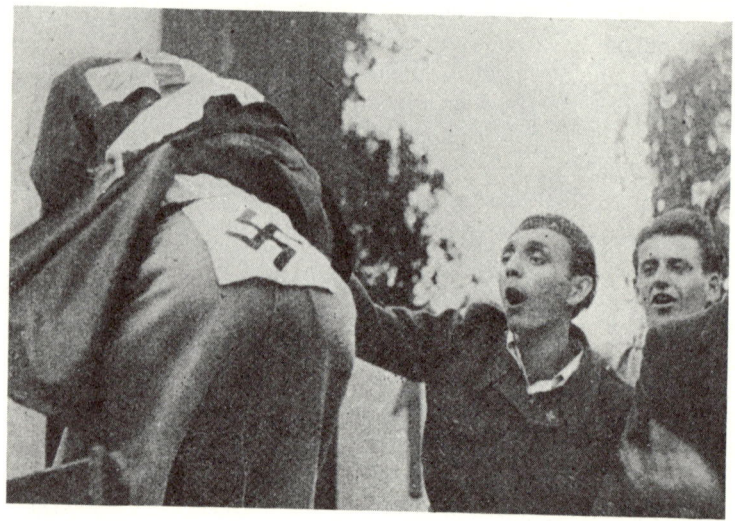

MK:
Du sagtest, die Erwachsenen haben Anregungen gegeben, was die Texte betrifft, das galt auch für Musik und Theater. Wie war das aber bei den Vorbereitungen, war das selbstverständlich für euch, war es für euch von vornherein klar, daß die künstlerischen Mittel einen wichtigen Stellenwert haben würden?

JK:

Wir haben dieses Lager sechs Wochen lang in Prag vorbereitet, und zwar jeden einzelnen Tag. Wir hatten nicht die Absicht, das, was wir uns ausgedacht hatten, im Lager per Anordnung durchführen zu wollen, aber als Angebot hatten wir nicht nur die Freizeit, sondern auch den Unterricht für jeden Tag vorbereitet. Dabei hat übrigens Slawa Hornik eine wichtige Rolle gespielt.

Außerdem erhielten wir wichtige Anregungen von den Funktionären, den Berufs- und Amateurregisseuren des »Verbandes des Arbeitertheaters« (DDOČ); einige waren unter unseren Gruppenleitern im Lager, führende Berufsschauspieler des linksbürgerlichen Theaters wie Voskovce und Wirich (Schauspieler, Regisseur und Autor in einer Person) besuchten uns im Lager. V + W drehte einen Film über das Lager. Unter dieser Anleitung und unter Verwendung ihres großen Schlagers »Hej rup!« (was soviel heißt wie: Angepackt! Aufgewacht!) entstand später die beste Agitproptruppe der ganzen Tschechoslowakei, die »Hejrupăci«, die fast vollständig aus unseren damaligen Kinderpionieren zusammengesetzt war.

Bei der Vorbereitung des Lagers nun haben uns sowohl bildende Künstler als auch Theaterleute geholfen. Dabei haben wir sehr feste Vorstellungen gehabt, wie man Kunst Kindern begreiflich machen könnte. John Heartfield spielte damals für uns eine große Rolle, so daß die Fotomontage in allen unseren kleinen Zeitungen eine große Rolle spielte.

Wir haben auch Collagen gemacht.

Ein Beispiel: Die Kinder haben ein paar reiche Leute aus den Illustrierten ausgeschnitten, die haben sie dann auf Geldsäcke mit vielen Nullen drauf und Zahlen davor gesetzt. Aus schwarzem Papier haben sie dann ein Gitter ausgeschnitten und davorgeklebt. Vor dieses Gitter haben sie dann Arbeitslose gesetzt, so daß folgendes sichtbar wurde:

Die reichen Leute sitzen auf ihren Geldsäcken und werden von den Machtinstrumenten des Staates und damit auch der Polizei geschützt, während sich davor die Kette der Arbeitslosen hinzieht. Solche Kompositionen konnten sehr gut inhaltlich diskutiert und ausgewertet werden.

Aber die Erfindungskraft der Kinder, die schöpferische Vielfalt hat bei den Kindern eine so große Rolle gespielt, daß wir sehr häufig mit Dingen überrascht wurden, auf die wir nie gekommen wären.

Am Ende des Lagers hat es viele Tränen gegeben, die Kinder liebten ihr Lager. Die Kollektive, die im Lager entstanden waren, besonders die aus den größeren Städten, haben das ganze Jahr über zusammengearbeitet, und bei den Vorbereitungen des nächsten Lagers im Jahre 1935 konnten wir die entstandenen Kollektive bereits voll mit einbeziehen.

Die Lebensgefährtin des Lehrers Slawa Hornik, Anska Hornikowa, hat über dieses Lager ein Buch geschrieben, aus dem ich nun ein Stück vorlesen möchte.

»Was die Kinder mit Begeisterung hörten, übertrugen sie in ihre Spiele, die entsprechend den Vorträgen in der Schule gespielt wurden. Sie haben darin die Sklavenhalter besiegt, haben ihre Burgen erobert, sie haben über die Kreuzritter gesiegt, sie haben die empörten Bauern und Leibeigenen gespielt und sind gegen die Ritter gezogen, haben natürlich das Lied vom Florian Geier gesungen, sie haben über das Leben der sowjetischen Pioniere Stücke gemacht, und sie haben die eigene Situation im Kapitalismus gespielt, Arbeitslosigkeit, Unterdrückung, Anpassung, Not, Gefangenschaft, viele ihrer Väter waren ja eingesperrt.

Wir haben ein großes Spiel über die Brutalität des Faschismus erarbeitet. In das Lager sind die Faschisten eingezogen und haben es verwüstet. Die Kinder kommen zurück und sehen, es herrscht eine große Zerstörung, die Wachen liegen gebunden, gefesselt vor dem Essenpavillon, die Küche ist leer, alles ist mit Hakenkreuzen bemalt und, was am schlimmsten ist, von den Fahnenmasten sind die ganzen Fahnen heruntergerissen. Ein Schrei erhebt sich, die Kinder laufen erschrocken durch das ganze Lager. Das Kollektiv des Genossen Thälmann ist verschwunden, die deutschen Pioniere sind verschwunden. Es gibt bei uns in diesem Jahr nur 28, sie sind mit ihrem Jonny gekommen, niemand kennt seinen richtigen Namen. Wir wissen nur, daß er gleich nach dem Ausbruch des Faschismus beinahe totgeschlagen wurde. Nur durch ein Wunder gelang es ihm, aus den Fängen der faschistischen Mörder in der Tschechoslowakei zu entkommen. Die Genossen der ›Solidarität‹ (das war die ›Rote Hilfe‹) haben sich seiner angenommen, haben ihn ausgeheilt, und nun ist er eine große Hilfe bei uns im Lager und spielt eine große Rolle bei dessen Vorbereitung. Am Kopf hat er eine Wunde, die ihm zur Zeit noch weh tut, um so mehr lieben die Kinder ihren ›Jonny‹. Jetzt suchen sie ihn und sein ganzes Kollektiv. Umsonst!

Es beginnt eine Jagd auf die Faschisten, ihre ›Beute‹. Die deutschen Pioniere reißen die faschistischen Hakenkreuzfahnen herunter, sie befreien die Wachen, sie finden die Köchinnen und geben ein Notessen aus.

Inzwischen haben die Faschisten das Lager aufs neue angegriffen, aber diesmal sind sie verjagt worden. Gegen Einbruch der Dunkelheit sind die Kinder wieder zurückgekehrt. Zum Schluß kommen die deutschen Pioniere und Jonny. Sie mußten sich angeblich verstecken, damit sie nicht verschleppt wurden. Das Spiel dauerte mehrere Tage.

Es läßt sich nicht beschreiben, was für einen starken Kampfgeist die Kinder dabei entwickelt haben und wie sie das gefühlt haben.«

Das war ein kleiner Ausschnitt aus dem Buch, das bisher noch nicht ins Deutsche übersetzt wurde und in dem ich eine Rolle spiele, ich bin nämlich der »Jonny«.

MK:

Mit dem Einmarsch der nationalsozialistischen Truppen in die Tschechoslowakei war natürlich keine Möglichkeit mehr da für euch, diese Arbeit fortzusetzen; gab es noch Verbindungen in der Zeit?

JK:

Ja, natürlich gab es noch Verbindungen. Es gibt ein Gedenkkreuz im KZ Mauthausen für die ermordeten Pioniere und Komsomolzen, das waren unsere Kinder.

Sie haben eine großartige Rolle gespielt in der Illegalität, und ab und zu treffe ich noch eins von unseren ehemaligen Kindern. Einer ist Minister.

MK:

Wie ist so ein Liedertext entstanden?

JK:

Das war so, die Thematik kam von den Kindern, und wir haben uns dann hingesetzt und uns Gedanken über die Umsetzung gemacht. Natürlich mußten die Erwachsenen zunächst Vorschläge machen, aber es ist nichts gemacht worden, bei dem die Kinder nicht voll zugestimmt haben.

Also, die Initiative kam zum großen Teil von den Kindern, während in bezug auf Form und Formvollendung die Erwachsenen tätig wurden.

MK:

Auch bei den anderen Medien, Theater zum Beispiel?

JK:

Beim Theater haben noch mehr Kinder mitgemacht. Die Kinder haben sich dabei gewünscht, was sie spielen wollten. Wichtig dabei war, daß die Ergebnisse nur etwas wurden, wenn die Kinder wirklich das Gefühl hatten, daß das Gespielte auch von ihnen stammt.

MK:

Aber es gab auch eine Regie der Erwachsenen?

JK:

Ja, natürlich haben wir Regie geführt, allerdings mußte die Regie so geführt werden, daß die Kinder jederzeit einsahen, was sie taten und warum sie etwas taten. Dazu gehört schon eine starke künstlerische Einfühlungsgabe der Leute, die das gemacht haben. Dabei haben wir die tollsten Effekte mit ganz einfachen Mitteln erzielt. Wir haben weißes Leinen, Podeste und Gestänge eingesetzt, wir haben auf mehreren Spielebenen gespielt, wir haben selbstgezimmerte Holzpodeste eingesetzt, wir haben zu Echoeffekten Sprechchöre eingesetzt, die oben auf dem Hügel über dem Lager standen.

MK:

Wie ist diese Erfahrung, die ihr in dieser Zeit gesammelt habt und die damals ja auch an anderen Orten in der Nachfolge von A. S. Makarenko in der Kinderarbeit erprobt wurde, bei euch in der DDR umgesetzt worden?

JK:

Natürlich, das ist im Grunde alles da, aber es reicht nicht mehr. Es ist zuviel äußere Form und Schall und geht nicht genügend in die Tiefe. Ich muß daher sagen, daß wir diese Erfahrungen noch zu wenig ausgewertet haben. Bei unserer Erziehung könnte viel mehr von der schöpferischen Arbeit der Lager verwendet werden, wir würden ganz andere Menschen erziehen können, wenn wir weniger mit nicht durchlebten Symbolen umgehen würden und mehr schöpferisches, sinnlich erfahrbares Lernen ermöglichen würden.

Was ist heute ein Fahnenappell, wenn er nicht in einer konkreten historischen, kämpferischen Situation gesehen wird, da können wir und da müssen wir auch noch viel machen. Da nutzen auch kein feierliches Zeremoniell, keine preußische Exaktheit und Disziplin, wenn die Kinder den Sinn nicht erfühlen können und wenn daraus kein emotionales Erlebnis wird.

Das dürften wir von den verbotenen Pionierlagern der Roten Jungpioniere der Tschechoslowakei in den Jahren 1934–1938 und ihren Inhalten lernen.

11. Jugendtheater und seine Entwicklungsmöglichkeiten

Jugendamateurtheater kann sich in Zukunft nur entwickeln, wenn diese ersten Ansätze sich neu bildender Gruppen auch von den verantwortlichen Institutionen unterstützt werden. Im durchschnittlich ausgestatteten Jugendheim ist der Pädagoge überfordert, er verwaltet die Jugendarbeit, aber eine intensive Medienarbeit kann er nicht anleiten. Die Theatergruppe in der Friedensgemeinde hat ihre Theaterarbeit wieder eingestellt, weil sich die pädagogischen Mitarbeiter wieder anderen Problemen zuwenden mußten. Die Gruppe war noch nicht eigenständig genug, um ihre Arbeit selbst organisieren zu können.

Damit eine kontinuierliche Theaterarbeit sich in den verschiedenen Jugendeinrichtungen entwickeln kann, sollten Projekte etwa über zwei Jahre gefördert werden. Hierfür müssen erfahrene Spielpädagogen finanziert werden und etwas Geld für Kostüm, Bühne und Requisiten zur Verfügung stehen. Dann ist es die Aufgabe der Spielpädagogen, der Sozialpädagogen und der Jugendlichen, die Arbeit so anzulegen, daß die Gruppe sich nach zwei Jahren so strukturiert hat, daß sie selbst aus eigenen Kräften weiterarbeiten kann und die Spielpädagogen nur noch eine künstlerische Beratung aus der Ferne leisten müssen.

Wir können über die Entwicklung der Jugendtheatergruppen zuversichtlich sein, denn trotz ungünstiger Bedingungen in der Vergangenheit haben sich in den letzten Jahren Lehrlings- und Schülertheatergruppen entwickelt, die über mehrere Jahre hin gearbeitet haben und auch in ihrem Wirkungsbereich aktiv an den Veränderungen ihrer gesellschaftlichen Umwelt beteiligt waren. Wenn es uns gelingt, wie es bereits in Frankreich praktiziert wird, aus den verschiedenen kulturellen Initiativen kulturelle Zentren in den Stadtteilen zu schaffen, die von den staatlichen Organen finanziert und unterstützt werden, dann wäre eine kulturelle Jugendarbeit möglich, in der sich auch langfristige koordinierte Aufgabenstellungen realisieren ließen. Es bestände auch einmal die Möglichkeit, Entwicklungen zu dokumentieren, die durch die kulturelle Arbeit ausgelöst wurden, sowohl innerhalb der Persönlichkeitsentwicklung einzelner Mitglieder als auch die Einwirkung in verschiedene gesellschaftliche Bereiche betreffend. Aber um eine solche Qualität in der Kulturarbeit zu erreichen, bedarf es wohl auch der Veränderung der politischen Landschaft.

Dieses Buch sollte anhand von Materialien und Erfahrungen eine

Richtung der Spielpädagogik darstellen und gleichzeitig einige Aspekte der Bedingungen aufzeigen, in denen Jugendtheater geschieht. Wir sind übrigens dankbar für jede Nachricht und Information, wie die Anregungen in der Arbeit verwendet werden konnten. Wir bemühen uns bei jeder Neuauflage, Anregungen und Hinweise einzuarbeiten.

12. Kleines Spiellexikon
Was sagt der Duden zum Theater?

Abstraktion
Verallgemeinerung (zum Begriff), Begriffsbildung, Gegensatz, Konkretion.

abstrahieren
Abziehen (einen Begriff), ableiten, zum Begriff erheben, verallgemeinern.

Ampitheater
Römisches Rundtheater, Zuschauerraum halbkreisförmig mit ansteigenden Sitzreihen.

Arena
Kampfplatz, Vorführplatz im Zirkus.

Black out
Plötzliche Dunkelheit auf der Bühne.

Bühne
Boden, Brettergerüst, Spielfläche.

Bühnenaussprache
Hochsprache.

Chanson
Lied, besonders im Kabarett.

Chaplin
Charlie, Filmschauspieler u. Regisseur.

Charakter
Gesamtheit der Wesensmerkmale, Gepräge, Sinnesart, Wesensart, Rang, Würde, Titel.

Chargenspieler
Chargieren, beauftragen; Technik: beschicken; Theater: eine Rolle überdeutlich gestalten.

Copyright
Urheberrecht (liegt meistens bei den Theaterverlagen).

Choreographie
Tanzaufzeichnung.

Comics
Bilderfolgen.

Clown
Spaßmacher.

Dekoration
Ausstattung.

Didaktik
Unterrichtslehre.
Dramatik
Spannung, Lebendigkeit.
Dramaturgie
Wissenschaft vom Drama.
Eleve
Schüler.
Entertainer
Alleinunterhalter.
extemporieren
Aus dem Stegreif reden, schreiben, spielen usw.; einflechten, hinzu-
setzen.
feuerfest
Stoffe werden für Bühnenzwecke imprägniert, damit sie nicht mehr
leicht entflammbar sind.
Grimasse
Unschöne oder spaßige Gesichtsverzerrung, Fratze.
Habitus
Äußere Gestalt, Haltung, Aussehen, Anlage (zu Krankheiten).
Halogenscheinwerfer
Besonders helle Scheinwerfer mit Tageslichtwirkung.
Hanswurst
Narr.
Hans Taps
Täppischer Bursche, plump auftretend.
Heptameter
Siebenfüßiger Vers.
Hexameter
Sechsfüßiger Vers.
Humor
Heitere seelische Grundhaltung, gute Laune.
Interpret
Ausleger, Erklärer, Deuter.
Kabarett
Kleinkunstbühne.
Kreativität
Schöpferische Fähigkeit.
Kommunikation
Verbindung, Zusammenhang, Verkehr, Mitteilung.

Komparse
Stumme Person bei Bühne und Film (Statist).
Kostüm
Maskenanzug.
Laie
griech. Laius = Volk, Nichtfachmann.
Manier
Art, Eigenart, Art und Weise, Sitte, künstlerische Eigenwilligkeit, die nicht mehr Ausdruck schöpferischer Antriebe ist.
Medien
Medium, Mittel, Mittelglied.
Maske
Künstliche Hohlgesichtsform, Larve.
Maskerade
Verkleidung, Maskenfest, Mummenschanz.
Mime
Schauspieler.
mimen
Als Mime wirken, so tun, als ob.
Mimik
Schauspielkunst, Mienen-Gebärdenspiel.
Mysterienspiel
Geistliches dramatisches Spiel des Mittelalters.
Mysterium
Geheimnis-Geheimnislehre.
Naturalismus
Kunstrichtung, die die Wirklichkeit bis in alle Details, aber ohne Erfassung des Typischen darstellt.
Pantalone
Charaktertype der ital. Stegreifkomödie.
Pantomine
Darstellung einer Handlung durch Gebärde, Mienenspiel.
Pädagogik
Erziehungslehre.
Phantasie
Einbildungs-, Vorstellungsvermögen, Trugbild.
phantasieren
Sich dem Spiel der Phantasie hingeben.
Philister
Spießbürger, kleinlicher Mensch.

Philistertum
Spießbürger, kleinbürgerliche Engstirnigkeit.

Podium
Trittartige Erhöhung für Schauspieler, Musiker, Redner.

Proszenium
Vorderer Teil der Bühne.

Prospekt
Bühnenhintergrund (Leinwand, meist bemalt).

Praktikabel
Transportable Bühnenaufbauten.

Rampe
Bühnenrang.

Realismus
1. Wirklichkeitssinn, Sachlichkeit.
2. Philosophische Richtung, die die Außenwelt als objektiv und unabhängig vom menschlichen Bewußtsein existierend anerkennt.
3. Kunst, Abbildung des Charakteristischen der Wirklichkeit mit künstlerischen Mitteln.

Ritual
Vorschrift für Gebete und Bräuche bei geistl. Amtshandlungen.

Scharade
Silbenrätsel.

Schmiere
Schlechte Bühne.

Sketsch
Unterhaltsames, ironisches, kurzes Bühnenstück.

Stegreif
Steigbügel, unvorbereitet etwas unternehmen.

Souffleur
Vorsager, Einsager, Einhelfer.

Theater
Schaubühne, Schauspiel, Opernhaus, Vorführung, Spiel, Umschreibung für Unruhe, Aufregung, Verstellung.

Theatralik
Äußerlich schauspielerisches Wesen, Gespreiztheit, Unnatürlichkeit.

Temperament
Wesen, Gemütsart eines Menschen, Gemütserregbarkeit, Lebhaftigkeit.

Überbrettl
Kleinkunstbühne.

Uraufführung
Überhaupt erste Aufführung von Bühnen, Film- oder Musikwerken.
Urheberrecht
Das Recht des Autors auf Auswertung seines Werkes.
Virtuose
Künstler, Meister mit glänzender Technik.
volkstümlich
Allgemeinverständliche Formen und Inhalte, die vorhandene Sitten und Gebräuche aufgreifen.
widerspiegeln
Ereignisse spiegeln sich wider.
Zensur
Amt des Zensors im alten Rom, prüfen von Literaturwerken usw.
zensieren
Abschätzen, werten, beurteilen; amtlich: prüfen; Zensuren erteilen.
Zirkus
Großes Zelt oder festes Haus, Halle zur Vorführung von Tierdressuren u. a.; altrömische Kampfspielbahn; Umgangswort für quirlendes, lärmendes Durcheinander.

13. Literatur und Materialien zum Theaterspiel

a) Rollen- und Interaktionsspiel in der Schule und in der außerschulischen Jugendarbeit

Achtnich, E. / Opdenhoff, W.-E.: Rollenspielkarten, Burckardthaus Verlag, Christophorus Verlag, Gelnhausen 1975[2]

Binger, L.: Fall aus der Rolle, Basis Verlag, Berlin 1977

Daublebsky, Benita: Spielen in der Schule, Klett Verlag, Stuttgart 1975[3]

Ebert, H. / Paris, V.: Warum ist bei Schulzes Krach, 1. und 2. Teil, Basis Verlag, Berlin 1976

Fritz, J.: Methoden des sozialen Lernens, Juventa Verlag, München 1977

Grüneisl, G.: Spielen mit Gruppen, Klett Verlag, Stuttgart 1974

Gudjons, G.: Praxis der Interaktionserziehung, Klinkhardt, Bad Heilbrunn 1978

Höper u. a.: Die Spielende Gruppe, Jugenddienst Verlag, Verlag J. Pfeiffer, Wuppertal und München 1978[7]

Kramer/Marquardt: Bedürfnisorientierte Kulturarbeit, Medienzentrum Berlin, 1978

Kutzleb, u. a.: Zeit für Zärtlichkeit, Jugenddienst Verlag, Verlag J. Pfeiffer, Wuppertal und München 1977

Sibler u. a.: Spiele ohne Sieger, Otto Maier Verlag, Ravensburg 1976

Spörri, Reinhold: Commedia dell' arte, Verlag René Simmen, Zürich

Schwalbacher Spielkartei, Haus Schwalbach, 1977[12]

Scherf, E.: Aus dem Stegreif, Soziodramatische Spiele mit Arbeiterkindern, in: Kursbuch 34, Rotbuch Verlag, Berlin 1973

Schwäbisch, L. / Siems, M.: Anleitung zum sozialen Lernen für Paare, Gruppen und Erzieher, Rowohlt Verlag, Reinbek bei Hamburg

Warns, E.: Die Spielende Klasse, Jugenddienst Verlag, Verlag J. Pfeiffer, Wuppertal und München 1976

b) Theaterspiel in schulischer und außerschulischer Arbeit

Autorenkollektiv: Die Ausnahme und die Regel. Ein Versuch mit dem Lehrstück von Bertolt Brecht. Zu beziehen über Wannseeheim für Jugendarbeit, Berlin 1978

Autorenkollektiv: Blumen und Märchen. Stadtteilarbeit mit Kindern im Märkischen Viertel, Rowohlt Verlag, Reinbek bei Hamburg 1974

Finke, U., u. a.: Spielstücke für Gruppen, Christian Kaiser Verlag, München 1977

Moreno, H. L.: Gruppenpsychotherapie und Psychodrama, Stuttgart 1959

Möbius/Rohberg: Wenn Dein Chef von Dir mal Feuer will, Wagenbach Verlag, Berlin 1974

Seidel, G. / Meyer, W.: Spielen und Darstellen I / Spielen und Darstellen II / Begleitband für den Spielleiter. Alle bei dem Verlag Erziehung und Wissenschaft, Hamburg 1976

c) Literatur zur Theorie und zur Theatergeschichte

Benjamin, W.: Über Kinder, Jugend und Erziehung, Suhrkamp Verlag, Frankfurt am Main 1969[2]

Burkhart, V.: Zapotoczky, G.: Konfliktlösung im Spiel, Verlag Jugend und Volk, Wien und München 1974

Klewitz, M. / Nickel, H.-G. (Hrsg.): Kindertheater und Interaktionspädagogik, Klett Verlag, Stuttgart 1976[2]

Kochan, B. (Hrsg.): Rollenspiel als Methode sprachlichen und sozialen Lernens, Scriptor Verlag, Kronberg Ts. 1975[2]

Luserke, Martin: Jugend- u. Laienbühne, Bremen 1927; Pan-Apollon-Prospero, Hamburg 1957

Makarenko, A. S.: Werke, Volk und Wissen, Volkseigener Verlag, Berlin 1970

Schedler, M. (Hrsg.): Kindertheater. Geschichte, Modelle, Projekt, Suhrkamp Verlag, Frankfurt am Main 1972.

Der Autor

Michael Kramer arbeitet seit 1964 in der außerschulischen Bildungsarbeit. Er sammelte nach dem Studium der Malerei (Hannover Werkkunstschule), Pantomime-Studium (Düsseldorf, Titt-Falkenberg, Mehring-Grillon, Paris), Jazztanz-Studium (Robinson, Paris) als Regieassistent, Pantomime und Schauspieler Erfahrungen am Berufstheater: Landestheater Hannover, Theater der Freien Hansestadt Bremen, Pantomimenensemble Jean Soubeyran, Schillertheater Berlin.

Da sich aus dieser Theaterarbeit jedoch trotz verschiedener Experimente keine Form ableiten ließ, in der die Zuschauer stärker in den Schaffensprozeß der Theaterarbeit einbezogen werden konnten, ihre Probleme in die Inhalte der Inszenierungsarbeiten eingingen, zog es der Autor vor, in der Bildungsarbeit direkt mit den vorher nur rezeptiv beteiligten Zuschauergruppen zu arbeiten. Nach ersten Anfängen in Volkshochschulen, der Akademie Remscheid und im Bund deutscher Pfadfinder arbeitete er im Wannseeheim für Jugendarbeit, einer kulturellen Bildungsstätte in Berlin, als Dozent für Theater und Pantomime. Hier wurden in Fortbildungskursen für Sozialpädagogen und Erzieher die Brauchbarkeit der Medien für eine kulturelle Jugendarbeit hinterfragt. Nur praxisbezogene Fortbildungsangebote konnten in die konkrete Arbeit des Pädagogen einfließen. In diesen Seminaren stellte sich bald heraus, welche künstlerischen Mittel auch von Pädagogen übernommen werden konnten und welche nur für Freiraumexperimente geeignet waren. Aus dieser Arbeit entwickelte sich 1968 die erste Auseinandersetzung mit Rollenspielen und sozialen Improvisations-Szenen. Viele dieser Versuche fanden jedoch keine Anwendung in der staatlichen Jugendarbeit, da die immer unzulänglichen Bedingungen die Voraussetzungen für eine qualifizierte Jugendarbeit schwinden ließen. Deshalb entstanden neben der offiziell geförderten Jugendarbeit aus der Improvisation und dem Bedürfnis heraus, jugendeigene Alternativen zu schaffen, kulturelle Initiativen, die den Jugendlichen eigene künstlerische Aktivitäten ermöglichten.

Der Autor gründete 1969 das Theater Zentrifuge und leitete es bis 1974. Seit 1972 arbeitet er als Kulturreferent bei der Evangelischen Jugend Berlin und als Mitarbeiter des Medienzentrums Kreuzberg. Im Rollenspielbuch werden Erfahrungen und Schwierigkeiten dieser Arbeit aufgezeigt, und es wird versucht, den Leser zur Planung einer eigenen kulturellen Jugendarbeit anzuregen.

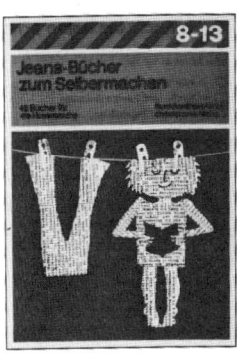  

In der Reihe 8–13 sind folgende Bände erschienen und noch lieferbar (beim fortlaufenden Bezug sparen Sie ca. 20 %):

Handbuch für Gruppenleiter
376 Seiten, geb., DM 34,–

Lieder und was man damit machen kann
ca. 160 Seiten, kt., ca. DM 19,–

Kinder spielen Geschichten
168 Seiten, kt., DM 18,–

Geschichten und was man damit machen kann
192 Seiten, kt., DM 16,–

Feste in der Kindergruppe
144 Seiten, kt., DM 19,–

Freizeiten mit Kindern
208 Seiten, kt., DM 19,–

Konflikte in der Kindergruppe
160 Seiten, kt., DM 18,–

Glauben in der Kindergruppe
184 Seiten, kt., DM 18,–

Wir machen eine Zeitung
148 Seiten, kt., DM 18,–

Jeans-Bücher zum Selbermachen
Leiterausgabe, 160 S., DM 18,–
Kinderausgabe, 128 S., DM 9,–

Burckhardthaus-Laetare Verlag Gelnhausen · Berlin · Stein